LES LAURIERS

ECCLESIASTIQUES,

OU

CAMPAGNES

DE L'ABBÉ DE T***.

Militat omnis amans, & habet sua castra Cupido.
Ovid. Amor. Lib. I.

A LUXUROPOLIS,

De l'Imprimerie ordinaire du Clergé.

M. D. CC. XLVIII.

AVERTISSEMENT
important, qu'il faut bien
se garder de passer sans
le lire.

UN *Editeur avide de
louanges & de remerci-
mens, ne renonceroit point si
aisément aux droits qu'il croi-
roit avoir à la reconnoissance
du Public, & feroit valoir
avec emphase les peines & les
recherches employées à la découverte d'un Manuscrit aussi rare; pour moi je confesserai ingénûment, que sans me piquer
d'une modestie hors de saison,
je crois pouvoir en toute sureté
me reposer sur les Connoisseurs,*

du soin d'attacher eux-mêmes
un juste prix à mes veilles & à
mes travaux ; ainsi, sans entrer
dans le détail des moyens par
lesquels ce singulier Ouvrage
m'est parvenu , je dirai sim-
plement , que la modestie de
Monsieur l'Abbé de T... a été
un des plus grands obstacles
que j'aie eu à surmonter, pour
pouvoir communiquer au Public un morceau si digne de son
attention ; peu sensible à une réputation dont il méritoit si bien
de jouir , ce n'a été qu'aqrès les
instances les plus vives , qu'il
s'est déterminé à avouer des
exploits dont il vouloit ab-
solument ensevelir la mémoire ,
enfin il s'est laissé gagner, & je

*donne son Manuscrit au Public
tel qu'il me l'a remis, & sans y
changer une syllabe ; il ne me
reste plus qu'à avertir ce même
Public, que si ce Livre a le bonheur de plaire, cette édition-ci
sera sans doute la seule, au lieu
que s'il déplaît jusqu'à un certain point, on ne manquera
pas d'en faire successivement
plusieurs, car c'est quelque chose
de délicieux que de voir fron-
cer certains sourcils... & d'ailleurs c'est que plus il causera
d'humeur & d'inquiétude,
plus aisément on se persuadera
que les portraits & les événemens qu'il contient, ne sont
point éloignés du vraisemblable
ni du vrai.*

LES

LES

LES LAURIERS

ECCLESIASTIQUES,

OU

CAMPAGNES

DE L'ABBE' DE T***.

JE vais vous satisfaire, mon cher Marquis; vous voulez un recit exact de mes espiégleries depuis mon entrée dans le monde, & du dénouement sérieux qui va bientôt les terminer : au milieu des succès d'une Campagne brillante & d'une ample moisson de Lauriers, vous imaginez qu'il en est d'autres qu'on peut cueillir avec moins de peine, & dont les fruits moins glorieux peut-être , ont des douceurs plus réelles & plus satisfaisantes ; enfin , vous croyez que l'amour peut tenir lieu de tout dans la vie : ah ! qui mieux que moi doit soutenir ce système ? C'est lui qui a toujours fait mon bonheur, c'est par lui que je touche à l'instant le plus heureux de mes jours : Et par quel chemin m'y a-t-il conduit ? que de fleurs sur mon passage ! Non jamais je n'ai connu les peines , il ne m'a prouvé sa puissance que par les plaisirs continuels & indicibles dont il m'a enyvré. Que de reconnoissance ne lui dois-je pas pour tant de bienfaits , & comment m'acquitter mieux envers lui , qu'en publiant les faveurs dont il m'a comblé , & les charmes qu'il a répandus sur les premieres années de ma vie.

Au reste , mon cher ami , j'espère que vous me passerez lestile

en faveur de la naïveté, jamais
je ne fus Auteur, de plus, j'é-
cris à un Militaire , voilà , je
pense , d'assez bonnes excuses :
des faits , de la chaleur , c'est
tout ce que vous êtes en droit
d'attendre de moi : Mais , me
dira-t-on, tout le monde n'est
pas si aisé à satisfaire, oh ! bien
voici ma réponse : Que ce mon-
de-là ne me lise point , je me
passerai tout aussi aisément de
son suffrage , que de ses bâille-
mens & de sa critique : & n'en
suis-je pas amplement dédom-
magé par la sûreté physique &
morale que j'ai, d'être lû , com-
menté, approuvé, décrié, louan-
gé par mes chers confreres les
Abbés , illustres inutiles , di-
recteurs éternels des ruelles ,
aussi-bien que par toutes les aimables consciences qu'ils diri-
gent , qui se déchaînent sans
cesse contre *les petites Brochu-*

A ij

res , *qui ne conçoivent pas qu'on puisse s'amuser à de pareilles misères*, qui cependant, ainsi qu'eux, ne lisent autre chose , & qui ont bien leurs raisons pour cela.

D'ailleurs , pourquoi chercherois-je des justifications ou des prétextes , vous êtes à l'armée , où on est obligé de s'amuser de tout dans de certains momens, je suis actuellement à peu près dans le même cas à Paris : il n'est plus pour moi depuis quelques jours qu'une affreuse solitude , par l'absence de tout ce que j'ai de plus cher. Vous voulez que je vous écrive, que je vous désennuie ; je ne prendrai pas le ton sublime du fastidieux Roman , pour vous tracer des avantures , la plûpart trop plaisantes pour être susceptibles d'un ton grave & d'une marche compassée ; vous en ferez quitte pour dix à douze pages de fentiment, dont je ne peus pas en bonne confcience vous faire grace, & cela non-feulement pour l'honneur du métier, mais encore pour rendre hommage à la vérité de mon hiftoire, qui finit avec une dignité à laquelle ni vous ni moi ne nous attendions fûrement pas, & que mes commencemens ne fembloient pas devoir me promettre.

Ne voilà-t-il pas un exorde admirable, & n'eft-il pas fort réjouiffant pour quelqu'un qui m'examine de fang froid, de voir qu'en affûrant férieufement que je ne fuis ni Auteur, ni Ecrivain, ni Romancier, je m'approprie, fans m'en appercevoir, toutes les inutiles gradations & les ennuieufes régularités de ces Meffieurs. Quelle délicieufe fatisfaction pour un critique bourru, de me voir donner dans le

piége que j'ai cru éviter en l'in-
diquant, & de pouvoir dire
d'un ton amérement cauftique,
*Eh, mais oui, c'eft encore une
Brochure comme les autres*, regarder enfuite avec une diftra-
ction orgueilleufe la premiere
page & la derniere, & s'écrier:
*Oh, parbleu on n'y tient pas!
cela eft auffi trop affommant.* Que
faire à cela, mon cher Marquis?
laiffons heurler notre Ogre,
laiffons-le déchirer impitoya-
blement le genre: les jugemens
qui ne portent que fur une efpece d'ouvrage en général, &
qu'on applique enfuite à chacun
d'eux en particulier, fans dai-
gner examiner s'ils méritent une
exception, font plus rifibles &
plus abfurdes que redoutables;
je fuis exactement au fait du cas
que vous & tous les gens raifon-
nables en faites, & pour mon
compte, je les méprife fouve-

rainement : cela posé en fait,
je commence.

Je vous épargnerai une longue généalogie de ma maison,
un état de ses biens, & des char-
ges & dignités dans lesquelles mes ancêtres se sont distingués : vous me connoissez assez
pour n'avoir pas besoin de tous
ces éclaircissemens, qui d'ailleurs, sont fort inutiles pour
l'explication de quelques tours
de jeunesse que j'ai à vous ra-
conter, & j'ai plus d'une raison
pour ne satisfaire pas davantage
là-dessus la curiosité de personne.

Vous sçavez comme moi que
je suis né à Paris, & le rang que
ma Maison y tient ; & vous n'i-
gnorez pas que nous y sommes
transplantés, & que tous nos
biens étant situés dans la Pro-
vince de ..... dont nous sommes originaires, & où mes an-

cêtres ont toujours fait leur ré-
fidence, les loix de cette Provin-
ce , ainfi que de quelques autres
extrêmement défavorables aux
cadets, me laiffoient efperer fort
peu de reffource du côté des
biens de ma famille ; je fçus
prefqu'en venant au monde que
j'avois un frere aîné qui feroit
un jour un fort grand feigneur,
& le même inftant m'inftruifit
des bornes étroites que les loix
mettoient à ma fortune , & de
la néceffité où je ferois de l'augmenter , ou par mon habileté,
ou par mon génie , ou par ma
foupleffe. Quelques défagréables que fuffent ces idées, la néceffité indifpenfable de les adop-
ter & de m'y faire , me les rendit peu à peu moins dures ; je
m'accoutumai infenfiblement à
un plan de médiocrité qui me
rendit ce joug moins infuppor-
table ; vous avez connu mon

frere, vous étiez fon ami, &
vous ne ferez point furpris,
quand je vous dirai que le tour
heureux de fon caractère & de
fon naturel, l'amitié tendre &
parfaite qui s'établît entre nous,
dans un âge où les hommes ne
connoiffent pas encore fon nom,
tout cela, dis-je, ne contribua
pas peu à me faire trouver ma
condition plus heureufe.

Nous fîmes nos études au
College de .... & j'avois déja
atteint ma douziéme année, &
mon frere fa quinziéme, avant
qu'il eût été encore queftion du
parti qu'on prendroit à notre
égard ; cependant comme j'é-
tois celui des deux dont le fort
étoit le plus incertain, & par
conféquent le plus difficile à dé-
terminer, je fus celui auquel on
penfa le premier : la carriere
de mon frere étoit toute fimple,
avec de la naiffance & de grands

biens, la voye du service étoit la seule qu'il pût choisir, & d'ailleurs c'étoit celle que ma famille avoit toujours suivie ; mais il s'en falloit de beaucoup que les sentimens fussent si réunis sur ce qui me regardoit : je devois être pauvre, & il étoit question de tâcher de me rendre riche, n'importe aux dépens de quoi, & de qui ; il y eût un grand commité chez mon pere à ce sujet, où tout ce que j'avois de parens à Paris pour lors furent admis : ceux d'entr'eux qui étoient dans la Robe, n'étoient-là que pour faire nombre, je n'étois ni assez riche ni assez pauvre pour être des leurs, ainsi tout le débat & la contrariété d'opinions, resterent entre cinq ou six vieux Militaires mes grands oncles, ou mes grands cousins, tous aussi couverts des ruines que des honneurs de la

guerre, qui à eux tous n'au‑
roient pas pû compofer un buf‑
te en entier, & qui, pour ne
pas enterrer leur folie avec eux,
me difputoient comme une
proye, à certain parent Pré‑
montré, pourvû d'une quantité
raifonnable de Prieurés, &
d'une face rebondie qui plai‑
doit furieufement en fa faveur ;
mes chers parens les Officiers
combattoient la folidité de fes
raifonnemens par tous les fo‑
phifmes, & l'expofition la plus
avantageufe du faux brillant du
métier, avec laquelle on !es
avoit autrefois aveuglés eux-mê‑
mes : à cela le large Prémontré
leur répondoit d'une voix ton‑
nante & victorieufe, regardez-
moi, mes chers coufins, exa‑
minez-moi, & foyez anéantis,
comparez vos corps mutilés avec
ma graffe & complette exiften‑
ce, les veilles, les fatigues & les

hazards de votre vie, avec la paisible & heureuse paix de la mienne, gémissez de votre erreur, & de la perte d'un tems irréparable, & ne cherchez point à faire une victime de quelqu'un que je veux attirer au port; la prudence de ses argumens n'étoit pas sans poids sur l'esprit de mon pere, mais comme il avoit certains préjugés inséparables de sa naissance, & qu'on a de bonnes raisons pour entretenir & pour augmenter en nous tous les jours, je ne sçai quel auroit été le résultat du Sinode, si mon oncle l'Evêque de N . . . ne fut arrivé dans le plus fort de la dispute : sa présence mit fin à tout le débat, à peine sçut-il de quoi il étoit question, à peine se donna-t'il le temps d'entendre les raisons que le victorieux Prémontré alléguoit d'un air triom-

phant,

phant, que prenant son parti avec chaleur, mon sort fut décidé dans la minute, sa grandeur ordonna que je serois tonsuré sans délai, & qu'on me mettroit en état au plûtôt de receuillir une abondance de biens & de faveurs, dont l'Egliserécompense toujours ses chers nourrissons, & dont ils se rendent assûrément bien dignes, en observant exactement la respectable inutilité du genre de vie qu'elle leur impose.

Je fus donc enrôlé parmi ces pieux faineans, & au lieu de Chevalier on m'appella dès-lors l'Abbé de T... ce ne fut pas d'abord sans répugnance que je me prêtai à la vocation de mon oncle, mais comme dès que je fus des siens, il s'empara de moi avec une autorité, que la mître & l'opulence donnent, & à laquelle mon pere n'ofa réfifter, il fçut fi bien me repréfenter la folidité des avan-tages attachés à fon état, & la facilité qu'il y avoit à le rendre compatible avec tous les plaifirs de la vie, que je commençai peu-à-peu à ouvrir les yeux, & à reconnoître qu'en effet le parti le plus sûr & le plus prudent étoit d'en impofer aux hommes, & de vivre aux dépens de leur cré-dulité & de leur bonne-foi; je n'avois encore jamais vû d'Ab-bés que mon Précepteur, & par miracle il s'étoit trouvé fage & honnête-homme, c'étoit un vieux Prêtre Irlandois, coriace comme un folitaire de la Thé-baïde, fale & dégoutant à pro-portion de la dévotion qu'il pra-tiquoit, hériffé de fcrupules, de préjugés & de fillogifmes, droit & fincere d'ailleurs, mais dont l'extérieur n'étoit pas propre à me donner du goût pour le métier ; j'étois pour lors bien éloigné de m'imaginer qu'il y avoit dans le monde une espece d'animaux amphibies, dont je devois un jour augmenter le nombre, qu'on appelloit aussi des Abbés ; Singes tonsurés, Bateleurs privilegiés, également propre aux farces Eccléfiasti-ques, & aux scenes des cercles mondains, Pagodes consacrées par la bêtise du genre humain, ignorans exactement toutes cho-ses, & fondés à s'annoncer pour tout sçavoir, Colifichets char-mants, autorisés à décider de tout avec impudence, par le suffrage de quelques caillettes, toutes aussi aimables & aussi sot-tes qu'eux ; j'ignorois alors jus-ques à l'existence & à la possibi-lité de leur être ; mais je ne restai pas long-tems dans une erreur si condamnable, j'eus l'occasion d'en voir quelques-

uns chez mon oncle, qui paf-
foient pour l'élite de leur genre,
& dans peu je pris tant de goût
aux manieres de ces Meſſieurs,
que grace à la doſe d'impudence & de fatuité dont les jeunes
gens ſont toujours libéralement
pourvûs, je pus me flatter bien-
tôt de marcher avantageuſe-
ment ſur leurs traces, & même
d'en laiſſer le plus grand nombre derriere moi.

J'avois fini mes études, &
mon oncle m'avoit retiré auprès
de lui, & me faiſoit étudier en
Sorbonne, car c'eſt aujourd'hui
une ſelle à tous chevaux, & il
faut néceſſairement que ce bon-
net couvre la tête d'un nombre
de ſots, qui feroient bien em-
pêchés de leur perſonne ſans
cela ; j'étudiois donc, mais, à
dire la vérité, ſans beaucoup de
goût pour des choſes, pour le
principe deſquelles on commen-

çoit par m'extorquer un confen-
tement tyrannique , & abfolument contraire aux lumieres de
ma raifon : je commençois à
avoir de certaines notions fur
des matieres qui me paroiffoient
infiniment plus intéreffantes &
plus liées à la nature , que tous
les pompeux galimathias dont
on m'excédoit chaque jour ;
mon Oncle étoit un de ces Prélats du beau monde , qui fe re-
pofoit volontiers du foin de fes
oüailles, fur les foins d'un Grand-
Vicaire , qui de fon côté trou-
voit fon compte à l'abfence de
mon Oncle ; il alloit fort peu à
fon Evêché , l'air du pays lui
étoit fi contraire ! fa Grandeur
avoit la poitrine fi délicate! qu'il
étoit obligé par un regime incommode , de paffer toute fa
vie à Paris , à prendre des
eaux , & tâcher de conferver fa
fanté par tous les ménagemens

d'une vie tranquille & dévote-
ment commode ; fon Médecin
lui ordonnoit les Spectacles ,
une table fervie de mets bien
nourriffants , & lui enjoignoit
de recevoir chez lui une compagnie capable de diffiper certains accès de bile noire qui
auroient pu faire péricliter les
jours précieux de fon Excellen-
ce : il fe foumettoit à tout cela avec une réfignation qu'on
ne pouvoit fe laffer d'admirer ,
& je n'étois pas fâché dans le
fond de ces ordonnances , il
venoit chez lui des femmes charmantes , je les devorois toutes
des yeux : les diamans , le rou-
ge , une gorge ou une jambe
tant foit peu decouverte , me
caufoient des treffaillemens in-
définiffables , & comme je fur-
prenois quelquefois des regards
de mon cher Oucle , tournés
fur les mêmes objets , & qui me

paroiſſoient fort peu Apoſtoli-
ques, je me ſentois encouragé
par un ſi grand exemple, & diſpoſé à devenir un jour un des
plus grands perſonnages de la
ſainte Légende.

Parmi les perſonnes qui venoient le plus ſouvent chez mon
Oncle, la Marquiſe de B...
étoit une de celles que j'avois
le plus remarqué, & pour laquelle
je me ſentois le plus de penchant: ſes charmes ne m'avoient
point échappé, mais j'avois en
même-tems dû à ma pénétration une autre découverte qui
ne ſervoit pas peu à modérer
mes regards & mes empreſſe-
mens; Monſeigneur mon On-
cle me paroiſſoit faire bien
au moins autant d'attention à
elle que ſon cher neveu, &
comme en ces ſortes de matieres, les gens intéreſſés ſont iné-
puiſables en remarques, j'avois

cru m'appercevoir qu'au travers de la marche la plus étudiée que pût obferver une femme qui avoit autant de monde & d'ufage que la Marquife, les empreffemens de fa Grandeur n'étoient pas reçus de façon à le défefpérer ; jamais je n'ai pu dans la fuite me procurer affez de lumieres pour fçavoir au jufte le genre de leur liaifon, ni jufques à quel point elle avoit été pouffée ; tout ce que j'ajoûterai ici pour la juftification de la Marquife, c'eft que mon Oncle étoit, & eft encore aujourd'hui affez bien partagé des avantages de l'efprit & de la figure , pour mériter l'attention de quelque femme que ce fût, & d'ailleurs on fçait *que la mître fied bien fur un front fillonné* ; quoi qu'il en foit, fon âge ne paffoit point quarante ans , il étoit fort bel homme

par lui-même, joignez à cela
cet air reposé, ce coloris précieux attaché à son état, qui lui
donnoient une vraie face de Se-
raphin, il sera aisé de se persuader que si dans la suite de
cette avanture mon Oncle a eu
du dessous, cela partoit plûtôt
de ce fond de frivolité qui est
dans la nature, qui fait que dans
ces sortes d'occasions les neveux
donnent toujours le croc en
jambe aux oncles, que de quelque autre avantage réel qui dut
naturellement me le faire em-
porter sur lui.

Quant à la Marquise, c'étoit un
vrai morceau d'Evêque, d'Ar-
change, de Prédestiné : belle
comme le jour, elle l'étoit sans
art & sans étude, âgée de vingt-
six à vingt-sept ans, jouissant
d'un très gros revenu, & dé-
barrassée d'un mari fort sot &
fort incommode, libre d'user

de tous fes droits , & de jouir
de tous les plaifirs pour lefquels
elle étoit née , & cela par l'heureux caprice de M. fon époux
qui paffoit la plus grande partie de l'année dans fes terres à
jouer le Seigneur de paroiffe ,
& à faire retentir tout le voifinage du bruit de fes chiens &
de fes chevaux : homme de qua-
lité au demeurant , & bien aife
qu'on le fçût, ayant fon arbre gé-
néalogique dans fa falle à manger , & fes armes jufques fur les
goutieres de fon Château , un
procès avec fon Curé, pour des
droits honorifiques, des brouil-
leries & des querelles avec fes
voifins pour la chaffe , enfin
tout l'inféparable attirail d'un
Gentilhomme de campagne.

Belle digreffion ! me dira-t-
on , comme fi tout le monde ne
connoiffoit pas cette efpéce d'a-
nimaux-là , & qu'il fût nécef-

faire de tracer un auſſi ennuyeux portrait : oh bien, maudit Cenſeur, ou pardonne-moi mes écarts, ou ne me lis point ; car je t'avertis en ami que n'étant point du tout diſpoſé à m'obſerver, ni à me contraindre, il m'en reſte encore mille fois plus qu'il n'en faut pour laſſer la patience la plus opiniâtre.

Je reviens à la Marquiſe ; je la voyois tous les jours, & comment auroit-il été poſſible, que né auſſi tendre, ou pour mieux dire auſſi porté pour les femmes, j'euſſe demeuré inſenſible à tant de charmes : la familiarité qu'elle avoit dans la maiſon de mon Oncle, m'avoit acquis le droit d'aller lui faire ma cour chez elle: M. l'Evêque le meilleur homme du monde d'ailleurs, & le moins jaloux, m'y avoit mené lui-même, & ſembloit prendre ſur ſon compte toutes les amitiés dont elle me combloit ; la Marquise de son côté , pour répondre à ses intentions , me recevoit avec une liberté & une aisance qu'elle décoroit d'une certaine petite superiorité douce , qu'on s'imaginoit avoir , en vertu de dix ans qu'on avoit audessus de M. l'écolier qui n'en avoit que dix-huit ; c'étoit mon petit pupille , mon petit Abbé, enfin mille petits noms , qu'on me donnoit en rougissant toujours un peu , qui faisoient le même effet sur moi , & qui causoient une étrange émotion dans toute ma petite personne. Je profitois avec ardeur de tous les momens où mon Oncle n'avoit point les yeux sur elle pour la fixer avec ardeur : quand j'y pense à présent , il devoit y avoir quelque chose de très-plaisant dans ces regards-là ; j'avois un air moitié dévot & moitié

tié

tié profane, qui auroit dû être fort rejouiſſant pour un tiers, & le feu dévorant de mes regards tempéré par un certain vernis d'hipocriſie & de ſcélérateſſe, attaché à la maudite robe que je portois, devoit produire des jours & des ombres, en un mot, un contraſte très-curieux.

Mais auſſi que n'avois-je pas pour moi en cette occaſion, j'étois jeune, vous connoiſſiez ma figure de ce tems-là, mon cher Marquis, j'avois de certains yeux qu'on diſoit être fort expreſſifs, de forts beaux cheveux blonds & en grande quantité; oui, de beaux cheveux, & qu'on ne s'y trompe pas, cela tient ſon coin, & je ne fus pas long-tems ſans m'appercevoir que ces bagatelles étoient quelquefois l'objet de l'attention de la Marquiſe, je la ſurprenois ſouvent attachant ſur toute ma perſonne de grands yeux bleus d'une beauté admirable, & ces yeux à ce qu'il me sembloit, ne m'annon- çoient point une résistance in- vincible ; quant à M. l'Abbé, vous devez bien vous imaginer qu'il lui rendoit ses lorgneries avec usure, quoique novice je ne demeurois pas en reste, & malgré le système général qui est que peu de femmes pourroient soutenir le regard fixe d'un Moine gris ou d'un Militaire, je répondrois qu'aucun de ces deux - là n'approche du coup d'œil d'un Seminariste ou d'un Etudiant en Sorbonne, qui a un oncle Evêque, & un oncle tel que j'ai dépeint le mien.

Cependant malgré toute l'af- siduité de mes lorgneries, & les découvertes que je croyois avoir faites sur les dispositions de ma belle Marquise, je ne sçai de bonne foi ce qui seroit arrivé, & comment j'aurois mis fin à une pareille entreprise ; la sotise est la fidelle compagne des jeunes gens dans une premiere affaire, & puisque leur impudence naturelle & la perversion dont ils sont tous doués, ne font pas affez fortes pour la leur faire surmonter, on doit juger par-là jusques à quel point les préjugés de leur âge leur en imposent, & leur font porter le respect ridicule qu'ils ont pour les femmes dont la plûpart sont bien éloignées d'être contentes d'un sentiment si stérile ; après tout ce sont des gradations par où il faut nécessairement que tous les jeunes gens paffent, & il n'arrive que trop souvent qu'ils s'en corrigent en donnant dans l'excès opposé.

Mais enfin il étoit écrit qu'elle auroit mes prémices, & même qu'elle se chargeroit de certains préliminaires, qu'elle voyoit bien qu'il n'étoit plus possible d'abandonner à ma pénétration ; j'avois deviné juste , quand je m'étois figuré lui avoir plû, nos sentimens avoient pris naissance à peu près de la même maniere & dans le même tems , mais ils étoient bien plus développés chez elle par l'expérience , l'usage, enfin par mille choses qui me manquoient, & qui me faisoient avancer en tremblant dans une carriere qu'elle couroit à grands pas, elle prit donc enfin sur elle de me donner quelques marques un peu moins équivoques de sa bonne volonté, & M. l'Abbé qui n'attendoit pas autre chose , & qui au travers de sa naïveté scholastique n'étoit pas fait pour être un des moins avantageux de ce monde, ne lui donna pas la mortification de s'être avancée en vain ,

je la devinai promptement , &
je ne tardai pas à y répondre
avec une ardeur & une récon-
noiſſance , dont le petit maître
le plus accompli auroit pu ſe
faire honneur , mais qu'il n'auroit peut être pas été en ſon pouvoir d'imiter bien éxactement
dans tous les points ; nous en
étions déja aux petits mots &
aux ſerremens de main , & comme je m'étoit fort bien aperçu
que la Marquiſe étoit la Sultan-
ne favorite du Serrail de Monſeigneur , je ne m'en croyois que
plus obligé a uſer de tous les mé-
nagement requis dans une occaſion ſi délicate , elle de ſon
coté imitoit ma diſcrétion , &
quoiqu'elle trouvât le moyen de
placer mille attentions flatteur
ſes , mille choſe fines , que j'aurois été fort incapable de lui rendre , faute d'uſage & d'expérience , il m'étoit aiſé d'aperce-

voir qu'elle attendoit une occasion plus favorable, & qu'elle étoit
disposée à garder toutes sortes
de mesures plutôt que de la
perdre par quelque démarche
inconsiderée.

Elle ne tarda pas à se présen-
ter : Monseigneur, pour suivre
les ordres de son Médecin, avoit
loüé une fort belle Maison de
Campagne à N . . où il alloit
réguliérement tous les Prin-
temps prendre des eaux, & sou-
lager sa poitrine fatiguée par
toute autre chose que des jeûnes
& des abstinences ; pour se
conformer exactement en tout
point aux avis de son Esculape,
il avoit invité une compagnie
choisie qui pût aider à vaincre sa
mélancolie , on sent bien que
la Marquise n'y avoit pas été
oubliée , & M. le Docteur de
Sorbonne jugea à propos de
faire école buissonniere peu-

dant fix femaines , pour fe délaffer auffi de fes travaux ; mon
oncle étoit là-deffus de bonne
compofition, il fe fouvenoit encore d'avoir fait la même chofe ,
& je le fis entrer plus aifément
que je n'aurois ofé l'efpérer, dans
les petits projets que j'avois faits
pour le délaffement de mon efprit.

Nous partimes tous fort
joyeux , & en fort bonne fanté,
fans en excepter même fa Grandeur , qui ne paroiffoit jamais
plus vermeil que quand il étoit
fur le point de faire quelque reméde : je voyois briller fur le vifage de la Marquife une joie &
une férénité que je ne lui connoiffois point , elle avoit une
phyfionomie que je ne lui avois
point vûe à Paris , & fes manieres avec moi fe reffentoient
du changement que j'avois remarqué dans toute fa perfonne.

J'étois flatté à l'excès d'une conduite qui paroissoit devoir m'a-
mener au but de tous mes dé-
sirs : je m'apperçus bien , il est
vrai , les premiers jours que
nous fumes à la campagne , de
quelques petites disparitions de
la Marquise & de mon oncle ,
mais je n'y regardois pas de si
près , d'ailleurs le Prélat me paroissoit d'une vieillesse énorme :
un homme de quarante ans, di-
sois-je en moi-même , est trop
décrépit pour s'occuper des
choses d'ici-bas : insensé que j'é-
tois , ignorois-je donc qu'une
soutanne & un rochet valent
toutes les fontaines de Jouven-
ce , & que le zéle des serviteurs
de l'Eglise est en cette occa-
sion-là , comme en toutes les autres, bien au-dessus de celui des
foibles mondains.

Je ne surprenois jamais la
Marquise dans un de ces tête

dant six femaines , pour fe délaffer auffi de fes travaux ; mon oncle étoit là-deffus de bonne compofition,il fe fouvenoit encore d'avoir fait la même chofe , & je le fis entrer plus aifément que je n'aurois ofé l'efpérer,dans les petits projets que j'avois faits pour le délaffement de mon efprit.

Nous partimes tous fort joyeux , & en fort bonne fanté, fans en excepter même fa Grandeur , qui ne paroiffoit jamais plus vermeil que quand il étoit fur le point de faire quelque reméde : je voyois briller fur le vifage de la Marquife une joie & une férénité que je ne lui connoiffois point , elle avoit une phyfionomie que je ne lui avois point vûe à Paris , & fes manieres avec moi fe reffentoient du changement que j'avois remarqué dans toute fa perfonne.

J'étois flatté à l'excès d'une conduite qui paroiſſoit devoir m'a-
mener au but de tous mes déſirs : je m'apperçus bien, il eſt
vrai, les premiers jours que
nous fumes à la campagne, de
quelques petites diſparitions de
là Marquiſe & de mon oncle,
mais je n'y regardois pas de ſi
près, d'ailleurs le Prélat me paroiſſoit d'une vieilleſſe énorme :
un homme de quarante ans, di-
ſois-je en moi-même, eſt trop
décrépit pour s'occuper des
choſes d'ici-bas : inſenſé que j'é-
tois, ignorois-je donc qu'une
ſoutanne & un rochet valent
toutes les fontaines de Jouven-
ce, & que le zéle des ſerviteurs
de l'Egliſe eſt en cette occa-
ſion-là, comme en toutes les autres, bien au-deſſus de celui des
foibles mondains.

Je ne ſurprenois jamais la
Marquiſe dans un de ces tête

à tête que je ne viſſe ſur ſon viſage des marques d'embarras &
d'altération : d'abord je n'y
avois fait qu'une attention bien
legere ; mais enfin ſans que je
pûſſe bien démêler pourquoi ,
cela prit ſur moi tout-à-coup au
point de produire en toute ma
perſonne un changement aiſé à
appercevoir : je reconnus même bien-tôt que la Marquiſe
avoit remarqué mon état , &
qu'elle n'y étoit pas inſenſible ;
je paroiſſois de jour à autre plus
rêveur & plus chagrin , mon
oncle s'imaginoit que l'ennui
me gagnoit , & que j'étois tour-
menté de l'envie de continuer
mes études ; il m'offrit de retourner à Paris , mais je parai
le coup , en prétextant un dé-
rangement de ſanté : cet article
qui étoit un point capital dans
le métier que j'avois embraſſé ,
me ſauva de ce que je craignois,

il ne fut plus queſtion que de veiller à une choſe qui étoit auſſi importante, & qui me mettoit dans le cas de manquer au devoir le plus eſſentiel de ma profeſſion, dans laquelle on fait ſerment de n'être jamais malade, à moins que ce ne ſoit de trop de graiſſe & d'embonpoint, ſerment que mesconfreresgardent ſi religieuſement, qu'on en voit fort peu d'entr'eux qui puiſſent ſe réſoudre à l'enfraindre.

J'allois ſouvent promener mes rêveries dans un parc fort vaſte, qui dépendoit de la maiſon où nous étions ; comme les grandes chaleurs approchoient, je choiſiſſois les matinées pour mes promenades : j'y employois le tems où nos Dames n'étoient point viſibles. Un jour que je revenois à mon ordinaire à peu près à l'heure du dîner, je vis paroître la belle Marquife à la fenêtre, elle fe retira, & la ferma brufquement ; j'étois fi éloigné, que ne pouvant m'affurer d'avoir été apperçu, je ne pus décider fi ma vûe avoit occafionné une retraite fi prompte, je rentrai à la maifon plein de mille idées qui fe croifoient, & que je n'ofois ni ne pouvois éclaircir ; j'obfervai avec attention les manieres de la Marquife à mon égard, & je ne vis rien qui pût donner matiere à mes conjectures : même accueil, mêmes regards, mêmes fignes d'intelligence, mais rien de plus : enfin je ne fçavois à quel Saint me vouer, ni comment me conduire avec une femme fi indéfiniffable, lorfque je l'entendis deux jours après fe plaindre de quelque légere indifpofition : aux queftions réïtérées qu'on lui fit pour fçavoir d'elle le genre de fa maladie, elle répondit comme uñe per-fonne qui craint d'être preffée, qu'elle ne pouvoit l'attribuer qu'au peu de cas qu'elle avoit fait des avis de fon Médecin, qui lui avoit ordonné des bains le matin, pendant le cours de la belle faifon : ce qu'elle avoit prévû, arriva, elle effuya tous les reproches & les inftances ufi-tées en pareil cas, qu'elle reçut avec toutes les minauderies né-ceffaires pour perfuader tout le monde de fa répugnance ; fon vifage & fon maintien la dé-mentoient fi fort que j'étois con-fondu, & que je ne la devinois point encore ; enfin mon très-cher Oncle vint aider à ma ftupi-dité, il prit un petit ton de Prélat & de Supérieur, pour lui dire que cela étoit du dernier miférable, qu'elle failoit l'enfant à un point qui n'étoit pas fupportable, &

il

il finit par lui ordonner d'obéir, & d'aller tous les matins à son cabinet de bains, qui étoit dans le parc ; toute la compagnie se mit à l'unisson , pour l'assurer qu'on courroit volontiers les risques du sort d'Actéon, pour aller la voir dans son azyle , & mille autres fadeurs de cette nature, auxquelles elle se rendit , après beaucoup de résistance cependant, mais non pas autant qu'il en auroit fallu pour m'en imposer ; oh ! pour le coup M. le Docteur de Sorbonne ouvrit les yeux : ouais, dis-je en moi-même , on m'a vû, on s'est retiré de la fenêtre, on n'ignore point mes promenades dans le parc, & on se fait ordonner des bains en conséquence , ne voudroit-on point troquer l'Oncle pour le Neveu, si cela est, j'y tope , l'occasion est trop belle , on ne me verra pas faire faux bond à

D

ma robbe, fucceder à un Prélat ! un fimple Soudiacre ! peut-on entrer dans le monde par un plus bel endroit !

Telles étoient les petites ré-flexions & les arrangemens que je faifois à part moi ; ce n'étoit pas le plus mauvais raifonne-ment que j'eus fait, depuis que j'étois agrégé au docte troupeau, les conféquences en étoient in-faillibles, vû la difpofition, des perfonnages intéreffés : auffi ne tardai-je pas à les voir juftifiées par l'événement ; j'attendois avec impatience le jour fixé pour le commencement du ré-gime prefcrit à ma belle Mar-quife, il ne tarda pas à arriver, & comme je n'avois eu garde de difcontinuer mes promenades du matin, que je preffentois devoir m'être fi favorables, j'eus la fatisfaction de lui voir prendre le chemin du cabinet

des bains le matin à la fraîcheur :
je m'étois embufqué derriere
une charmille, d'où il me fut
aifé de l'examiner à mon aife,
& fans crainte d'être découvert ;
Dieux ! que de charmes ! non,
mon cher Marquis, je ne con-
nois point d'expreffion qui puif-
fe rendre la fenfation que cette vûe excita en moi ; elle mar-
choit d'un pas négligé & lan-
guiffant, un deshabillé complet
de la plus belle Perfe, me laiffoit découvrir toute la beauté
de fa taille, un pied d'une dé-
licateffe achevée, & le bas d'une
jambe tournée à ravir : un man-
telet de moulleline attaché né-
gligeamment, me déroboit une
partie d'une gorge admirable,
& m'en offroit fuffifamment,
pour m'enflammer de defirs,
elle paffa affez près de moi,
pour que je puffe remarquer que
fes yeux, fes yeux que j'idolà-
D ij

trois étoient humides , indice
certain d'une mélancolie fecrette dont je brûlois de découvrir le motif ; cependant ma
timidité me maitrifant au même
point, je me contentai de la fuivre & de la dévorer des yeux,
lorfque je lui vis prendre le chemin des bains , & de faire mille
fois le tour du cabinet, fans jamais avoir la hardieffe de m'y
introduire , ni même de me laiffer appercevoir : enfin elle en
fortit au bout du tems prefcrit,
& reprit le chemin du château ;
je la vis paffer , elle avoit la
phifionomie encore beaucoup
plus trifte que le matin ; je rentrai peu de tems après , je me
préfentai à fa porte qui me fut
refufée , & lorfque l'heure où
toute la Compagnie fe raffem-
bloit fût arrivée , jamais elle
ne daigna jetter les yeux fur
moi , & fi elle m'adreffa la pa-

role, ce ne fut que pour me lancer quelques épigrammes détournées dont il ne m'étoit pas abfolument impoffible de com-; prendre le fens.

Quels reproches ne me fis-je pas alors de mon impertinente timidité, & que de fermes pro-pos de mieux me comporter à l'avenir : mais il étoit écrit que j'avois dû commencer par être un fot, & il étoit réfervé aux femmes même de me guérir d'u-ne maladie auffi abfurde : elles ont opéré cette cure avec un fuccès auquel je fuis obligé de rendre un témoignage authen-tique, & la Marquife même travailla à me guerir de façon, que fi dans le commencement de mes autres affaires j'ai eu des rechutes de refpect, elles ont été fi legeres & fi-tôt reparées, qu'el-les n'ont point porté coup à mon état, ni à ma réputation dans le monde.   D iij

Je laissai prendre encore quelques bains à la Marquise avant d'exécuter mescourageuses résolutions, je m'apercevois aisément que son froid augmentoit tous les jours, je craignis enfin de me perdre entiérement, & je tirai plus de force de cette idée, que de tous les projets que j'avois faits jusques alors : d'ailleurs j'avois toujours en point de vue de remplacer sa Grandeur, objet chatouilleux & tentatif pour un Profélite qui avoit une reputation à se faire, & qui étoit encore alors bien éloigné de celle qu'il s'est faite depuis ; enfin je m'embusquai un jour à mon ordinaire, mais cependant avec moins de précaution, je vis arriver la Marquise à son heure accoutumée, je ne sçai si elle m'apperçut, cela ne me parut pas impossible, mais il n'y eut de sa part aucune

marque extérieure, qui prouvât
qu'elle m'eut remarqué : je m'é-
cartai pour lui laisser prendre le
chemin du cabinet, elle étoit
accompagnée d'une femme qui
portoit les linges nécessaires en
pareille occasion, ce tiers me
déconcertoit, je ne sçai pourquoi je sentois qu'il étoit de trop:
je fis mille fois le tour du cabinet sans que mon esprit me sug-
gérât aucun tour spécieux pour
m'introduire, enfin je ne sçavois à quel parti m'arrêter, lorsque je vis sa femme de chambre
sortir & reprendre le chemin du
Château, nous en étions à une
distance assés considérable, qu'on
juge de la satisfaction que je res-
sentis de ce que j'attribuois à un
effet du hazard : je pris mon parti tout d'un coup, & je n'attendois plus que l'instant où la femme de chambre auroit tourné
une allée qui la dérobât à mes

yeux, lorfque j'entendis des cris perçans fortir du cabinet, & que je reconnus diftinctement que c'étoit la voix de la Marquife: j'accourus avec précipitation, & ayant ouvert la porte, le premier objet qui fappa mes regards fut la Marquife prefque nuë, qui vint fe jetter dans mes bras avec toutes les marques de la frayeur la plus terrible.

Or, il eft bon de dire pour l'intelligence de cette hiftoire, que le cabinet en queftion étoit fitué au bord d'un grand canal qui coupoit le Parc, il y avoit en dedans une baluftrade & des fiéges faits exprès au bord du canal, & difpofés de façon qu'on fe baignoit dans fon eau même, & pour revenir à moi dans l'inftant car je ne doute pas que tout Lecteur qui aura le cœur bon, ne fouffre beaucoup de l'état où j'étois alors, tout ce que

je pus tirer de la Marquife dans
ces premiers moments de frayeur , fut qu'elle avoit une aver-
fion & une crainte mortelle d s
anguilles, à caufe de leur reffem-
blance avec les Serpens , qu'elle
en avoit aperçu une dans le canal , & que c'étoit là le motif
de fon effroi & des cris que j'a-
vois entendus ; je ne connoiffois
aucun antidote qui guerit de la
morfure de ces fortes de bêtes,
encore moins de la peur : mais
le premier pas fait , avoit en
quelque façon diffipé les nuages
qui obfcurciffoient ma raifon ,
je me fentois rendu à moi-même , honteux du temps que j'a-
vois perdu , & très difpofé à le
réparer , j'entrevoyois des fpé-
cifiques capables de faire tout
difparoître au moins pour le
moment , avec qu'elle ardeur ne
les employai-je pas ! & en quelle occafion pouvois-je mieux les
employer !

Qu'on fe figure un jeune homme de dix-neuf ans, ardent, dé-
voré de défirs, tenant dans fes
bras une femme qu'il idolâtroit
à demie nuë, dans un endroit
folitaire & fe croyant payé de
rétour, le Philofophe le plus
froid auroit-il pû réfifter a un
pareil fpectacle, à plus forte
raifon, quelqu'un qui fe piquoit
de ne l'être point, & de plus un
Abbé, un Serviteur de l'Eglife,
un Docteur de Sorbonne, un
pretendant Evêque, en verité
c'étoit trop de moitié; je ferrois
ma chere Marquife dans mes
bras, raffurez-vous, lui difois-je,
en colant des baifers brûlants
fur fa bouche, raffurez-vous,
tous les ferpens, tous les infectes,
toutes les bêtes de l'Apocalypfe
ne pourroient vous nuire dans les
bras d'un amant qui vous adore
(car le facré étoit toujours mêlé

avec le prophane, & mes expref-
fions amoureufes fe refJentoient
encore de la contagion du métier) ouvrés ces beaux yeux, continuai-je, & daignés me confir-
mer le bonheur indicible que le
hazard me procure ; Ah ! mon
cher Abbé, dit-elle enfin , avec
un foupir que je me hâtai encore
de recüeillir fur fa bouche, quoi
vous m'aimiés , & vous me le ca-
chiez, ah ! cruel, laiffés moi , je
ne veux plus vous voir , vous
jugés bien comme je lui obéif-
fois, la vertu du petit colet agif-
foit trop furieufement fur moi ,
je ne me rapelle pas l'avoir jamais reffenti avec plus de force ,
elle m'ôtoit jufques à l'ufage de
la parole , il ne m'étoit plus poffible de faire autre chofe que de
la baifer & de la ferrer avec fureur , je promenois mes mains
ardentes fur une gorge d'une
blancheur, d'un embonpoint &

d'une élasticité parfaite , j'y imprimois des baisers dévorans, mon ame me quittoit & sembloit vouloir se joindre à la sienne : mes mains . . . mains fortunées! que ne touchâtes vous pas alors! rien ne vous fut refusé , Dieux , quelle yvresse ! quelle volupté ! j'étoit maître de tout, la Marquise pamée & anéantie par le plaisir ne me refusoit rien , je n'entendois plus que quelques soupirs & quelques mots entre-coupé , laisse moi . . . disoit elle d'une voix étouffée , je n'en puis plus ... je brûle ... mon cher en-fant. . .ah! n'abuse pas du tendre amour que j'ai pour toi . . . qu'au-rois-je pû lui répondre , lorsque tout m'invitoit à achever mon bonheur , & que tout me repon-doit du succès le plus heureux , que je voyois , que je touchois des charmes dignes des Dieux mêmes , car rien ne s'opposoit

à

à mes regards & à mes tendres
caresses : un ventre d'une forme !
d'un rond ! d'une blancheur !
des cuisses d'une proportion ! . .
des reins ! des hanches tail-
lées par les graces mêmes,
des fesses ! . . . ah ! je m'égare,
imitons ce fameux Peintre de la
Grece, qui aima mieux tirer le
rideau, que de peindre des choses impossibles à exprimer : à peine suis-je maître du feu que
m'inspire l'image que je m'en
fais encore, & dans l'instant où
j'écris, je sens que je suis plus
Abbé que jamais.

Je l'étois pourtant furieusement alors : tant de charmes adorables livrés à mon amoureuse
fureur, m'inspiroient des choses qui m'auroient rendu digne
d'être Primat des Gaules, si
cette dignité seule n'eût été capable de faire tout disparoître ;
je ne pouvois plus résister au feu

E

de ma vocation , il n'y avoit dans ce cabinet nul endroit com-mode pour la communiquer à la Marquife , & quel dommage de perdre un fi bel inftant de fer-veur, déja je me difpofois à faire du Baluftre un ufage inconnu aux Evêques & aux Prélats, la Marquife fe prétoit à mes rai-fons, j'allois lui en faire goûter l'énergie, & malgré l'incommo-dité du pofte, j'avois mis en avant l'argument définitif, elle n'étoit pas fans défiance du fuc-cès, mais j'allois détruire fon in-crédulité, déja nous étions unis au point de ne faire plus qu'un, déja m'infinuant adroitement dans fon .... cœur je l'avois à moi-tié ... perfuadée, lorfque la mau-dite femme de chambre que nous n'attendions fûrement pas , en-tra brufqnement & nous furprit, la Marquife dans une fituation un peu équivoque , & moi dans un état brillant, resplandissant de gloire, tel en un mot que de tous mes honnêtes lecteurs & critiques, j'aurai les trois quarts plus d'envieux que d'imitateurs.

La soubrette qui avoit de l'éducation, & qui n'étoit pas des moins fines de ce monde, poussa un petit soupir d'envie, se mordit les lévres, détourna la tête, & s'empressa d'habiller sa maîtresse, comme si elle n'eut rien vû; pour moi je me rajustai du mieux qu'il me fut possible, & je pris congé de la Marquise, qui me remercia sans embarras, & avec une effronterie superieure, du service que je lui avois rendu, ajoûtant avec un coup d'œil expressif, qu'elle épargneroit à ma modestie d'en faire le récit devant le monde, mais que sa reconnoissance pour être particuliere n'en étoit pas moins vive & moins réelle; j'entendis parfaitement le sens de ses paroles , car cette derniere occasion m'avoit valu deux theses de Sorbonne , & m'avoit beaucoup plus éclairé.

Elle rentra au Château peu de tems après moi , & il se passa encore deux jours sans que je reçusse d'elle rien de particulier , il est vrai que quand ses yeux se tournoient sur moi , ils étoient toujours chargés d'amour & de volupté : mais je ne me repaissois point de quelque chose de si peu solide , l'avanture du bain n'avoit fait qu'irriter ma curiosité sur bien des choses pour lesquelles je me sentois de furieuses dispositions, enfin j'enrageois de bon cœur de ne plus entendre parler de rien , lorsque Monseigneur reçut une invitation de se trouver à la réception d'une nouvelle Abbesse à une Abbaye où il avoit

beaucoup de liaifons, il n'ofa refu-
fer, & l'indifpofition de com-
mande de la Marquife, ayant encore fervi à éluder offre qu'il lui
fit de l'amener, certain coup d'œil
qu'elle appuya fur moi acheva de
m'éclairer, je fentis le coup de
maître, & je refolus bien, pour
cette fois, de m'y prendre de façon à me garantir de tout fur-
venant incommode; le lendemain fa Grandeur partit après
s'être lefté d'un déjeuné, qui n'é-
toit fûrement pas copié d'après
les Apôtres, on le mit dans fa
Berline, en lui recomandant de
bien fe garantir des vents cou-
lis, de ne pas trop manger le
foir, de tremper fon vin, de fuir
les Novices, & les jeunes Pro-
feffes, enfin d'éviter mille incon-
véniens fâcheux qui nous privent
tous les jours des Prélats les plus
diftingués, & en rentrant on
prit un moment favorable pour

m'indiquer un rendés-vous à la fin du jour dans l'appartement même de sa Grandeur, où on iroit faire deux heures de retraite à l'aide de cette éternelle indisposition, bouclier terrible, que tout le monde de la maison respectoit, sans que personne osât le pénétrer.

Je me rendis le soir au lieu de l'assignation, & je fus introduit par la petite Soubrette en question, qui pour le dire en passant avoit un petit minois fort friand, je trouvai la Marquise enfoncée dans une duchesse, parée du déshabillé le plus galant, son attitude étoit touchante & voluptueuse, une de ses jambes portoit entierement sur la duchesse, & l'autre portoit à faux sur le parquet, son jupon presque entierement relevé par cet écart, me laissoit voir jusques aux genoux deux jambes parfaites pour la tournure, &

pourla proportion, ſa gorge , cette gorge adorable que j'idolâtrois
s'offroit preſque toute à ma vûe,
une reſpiration précipitée la
faiſoit ſoulever , & m'en dé-
couvroit entierement la beauté ;
ſes yeux divins étoient remplis
d'un feu , d'une volupté , qui
me mit moi-même dans un état
indéfiniſſable , je m'approchai
avec tranſport , & me jettant
ſur une de ſes mains que je
couvris de baiſers enflâmés ,
à peine pû - je, trouver des
termes pour lui exprimer ce
qu'elle m'inſpiroit dans ce délicieux inſtant. La Marquiſe
n'étoit pas moins émue que moi ;
c'eſt donc vous , me dit-elle ,
d'un ton de voix qui alla juſques
à mon cœur , que je vous ſçai
bon gré de votre exactitude ! je
commençois à craindre quelque
refroidiſſement de votre part ;
ah ! pouviez - vous le croire ,

lui répondis-je en la ferrant tendrement dans mes bras, & lorfque toutes mes penfées, toutes
mes actions fe rapportent uniquement à vous, pouviez-vous
me faire une fi cruelle injuftice:
que ne pouvez-vous lire dans
mon cœur ! que de tranfports !
que d'amour n'y découvririez-
vous pas ! ah, mon cher Abbé,
reprit-elle, puis-je compter fur
vos fermens, & ne me repenti-
rai-je point un jour de la confiance que j'ai en vous ? elle
m'accabloit de careffes en difant
ces paroles ; elle ferroit ma tête
contre fon fein, j'y collois ma
bouche, je paffois avec tranf-
port de l'un à l'autre de deux
globes d'yvoire d'une blancheur,
d'une fermeté, d'un embonpoint
admirable, je m'enyvrois, j'é-
tois anéanti, perdu d'amour &
de defirs ; cependant j'étois bien
éloigné d'être fatisfait, l'occa-

fion étoit trop belle pour en de-
meurer-là , qu'auroit penfé la
Marquife elle-même de me la
voir négliger , elle qui me fa-
crifioit tout , qui quittoit un Prélat , un homme confidérable &
décidé , pour qui , pour un ché-
tif Etudiant.

Je fentois parfaitement combien je lui devois de reconnoiffance pour un fi grand facrifice,
& j'étois bien difpofé à ne pas
demeurer ingrat ; dans l'agitation de nos careffes , & de nos
divers mouvemens , mes mains
n'étoient pas demeurées oifives ,
j'en avois d'abord mis une comme indiféremment fur fes genoux , la pofition de ce jupon
dont j'ai parlé me favorifa , je la
gliffai jufques fur des cuiffes d'u-
ne blancheur, d'une forme... Enfin je parvins au théâtre de la
volupté , à la fource de toutes

les délices: qu'on n'exige pasque
j'en donne ici une image, je ne
fuis point encore aujourd'hui à
l'abri de certaines deſcriptions,
d'ailleurs tous les tranſports indicibles que je reſſentois me
conduiſirent bien plutôt à la
réalité des plaiſirs qu'à un fri-
vole examen ; ces attouchemens
voluptueux m'avoient mis dans
un état auquel je ne pouvois réſiſter, la Marquiſe étoit dans une
ſituation à peu-près ſemblable,
pouvois-je m'arrêter en une occaſion ſi favorable, n'aurois-je
pas mérité d'être déſavoué du
corps vénérable, auquel j'étois ag-
grégé ; je me précipitai ſur elle
avec une ardeur inexprimable,
elle étoit renverſée ſur ſa ducheſſe, j'avois relevé ſes juppes, ſa
gorge étoit découverte, je bai-
ſois, je ſuccois tout avec fureur,
enfin je lui donnai avec impétuo-
ſité les dernieres marques d'un

amour parvenu à l'excès, ah !
s'écria - t-elle lorsqu'elle sentit que nous ne faisions plus
qu'un, & que j'avois poussé à bout
mon entreprise, ah ! mon ami...
tu me pers... finis, je t'en con-
jure...non... Je t'adore ... ah !
mon cher Abbé, ... ah ! je me
meurs...Dieux que de plaisirs !...
Ces mots entrecoupés étoient
accompagnés de quelque petits
mouvemens qu'elle faisoit en fei-
gnant de vouloir se dérober de
mes bras, & qui mirent le dernier comble à ma volupté ; elle
me fixoit tendrement en roulant
ses yeux dont on ne voyoit
presque que le blanc, une petite
écume semblable à de la neige,
bordoit ses lévres charmantes,
sa gorge se haussoit & se bais-
soit avec précipitation, enfin
nous terminâmes ce moment délicieux, par cet éclair de volupté
qui saisit, qui anéantit tous les

ſens, qui porte des ſecouſſes , &
des treſſaillemens juſques dans
les extrémités de notre corps, qui
eſt une image de la divinité , ou
de ce qu'on conçoit de plus parfait en plaiſir , mais qui finit,
qui diſparoît , qui eſt l'ouvrage
d'un moment , & dont le paſſage auſſi prompt que la penſée,
ne nous laiſſe qu'une preuve triſ-
te , cruelle & convaincante , de
notre imperfection, & de la mal-
heureuſe foibleſſe de notre être.

Revenus à nous , & trop paſ-
ſionnés pour faire dans de pareils moments de ſi affligeantes
réflexions , que de choſes charmantes ne nous dîmes nous pas!
toute contrainte étoit déſormais
bannie entre nous , & je ne
ſçai rien de ſi aimable , de ſi
ſéducteur , que la converſation
qui ſuit les premieres careſſes de
deux Amans jeunes & emportés:
la Marquiſe me laiſſa voir tou-

te

re fa tendreffe à découvert , &
elle en avoit un fond inépuifa-
ble , j'y répondois avec toute
l'apparence de paffion qui fuffi-
foit pour la fatisfaire , car je vois
bien aujourd'hui par l'épreuve
que j'ai faite de ce qu'excite en
nous un véritable amour , que
ce que je fentois alors pour la
Marquife , étoit uniquement une
neceffité d'aimer (je ne fçai fi je
m'explique) enfin j'y étois trom-
pé , à mon âge cela n'étoit pas
étonnant, il ne doit pas même paroître extraordinaire qu'elle le
fût elle même, je la trompois fi
bien !

Mes défirs & ma jeuneffe à
part , je devois trop d'égards à
mon état pour m'arrêter en fi
beau chemin , & pour ne pas
foutenir une réputation acquife
à tout le Corps , & que je commençois à partager : mes preuves furent fi réiterées & fi fou-

tenues, que j'aurois affronté l'examen le plus fevere : les careffes
les plus paffionnées, les converfations les plus tendres, fe fuc-
céderent avec une rapidité qui
nous firent paffer les heures comme des moments, la nuit étoit
déja affés avancée quand je quittai ma belle Marquife, & ce qui
m'occupoit le plus en ce moment, étoit le défir de la revoir:
perfonne ne s'aperçut, ou ne fei-
gnit de s'appercevoir de notre
abfence, & nous nous armâmes
devant la compagnie d'un férieux & d'une gravité qui pouvoient feuls cacher notre intelligence mutuelle.

Nous profitâmes de l'abfence
de mon oncle qui dura quelques
jours, pour nous donner à chaque inftant des preuves de tendreffe, enfin il revint, & il fallut redoubler de précautions pour
ne lui donner aucun ombrage,

je n'avois pû m'empêcher dans
nos differentes converfations ,
de marquer à la Marquife quelques foupçons fur fes liaifons
avec mon oncle , mais elle m'a-
voit répondu avec tant de can-
deur & d'ingénuité , que fi elle
ne m'avoit pas diffuadé entiérement , du moins m'avoit-elle
laiffé dans un doute , qu'il n'auroit pas même été honnête à moi
de lui laiffer entrevoir dans
la pofition où nous étions enfemble , & fur lequel je dois
confeffer que toutes les recherches les plus curieufes que j'ay
pu faire depuis , n'ont pu me procurer des lumieres affés fûres
pour me faire tirer aucune in-
duction defavantageufe contre
elle ; il étoit , difoit-elle , fon
ami de tout temps , & quoique
je fentiffe bien jufqu'à quel point
ce terme eft abufif , entre deux
perfonnes jeunes , & d'un fexe

différent, n'ayant aucune preuve que leur liaison passât les bornes de l'amitié, & recevant d'ailleurs tous les jours mille marques de passion de la Marquise, je pris le parti de m'étourdit sagement fur de fots préjugés, & de me contenter de jouir des caresses d'une femme charmante, fans empoisonner moi - même mon bonheur par une délicatesse mal-fondée.

Malgré la préfence de fa Grandeur, nous trouvions mille moments dans la journée pour nous donner des preuves de la vivacité de notre amour, tous les lieux les plus fecrets de la maifon & du parc avoient été témoins de notre flamme, & marqués des trophées de mon amour, tout étoit ducheffe pour nous, les fituations les plus incommodes ne faifoient qu'irriter le feu dévorant dont nous étions confumés, la Marquife fe prétoit voluptueufement à mes tranfports, & nous étions chaque jour plus enchantés l'un de l'autre; mon oncle étoit aveuglé fur notre compte, autant qu'il le falloit pour affurer notre bonheur, il y mettoit encore un nouveau fel par les occafions qu'il nous fourniffoit fans s'en appercevoir.

Une après-dinée nous étions dans fon appartement avec la Marquife, le refte de la compagnie étoit allé à la promenade, on vint avertir fa Grandeur que l'Agent du Clergé arrivoit de Paris pour le voir : il fortit de dans l'inftant, & m'ordonna de refter pour tenir compagnie à la Marquife, ajoutant qu'il avoit à parler d'affaires ferieufes, dont il vouloit lui épargner l'ennui en recevant l'Agent dans une autre endroit, nous nous

pretâmes à cet arrangement a-
vec une satisfaction qu'il est aisé
d'imaginer , c'étoit un tête à
tête de plus , & à notre âge , &
dans le premier feu d'une passion nouvelle, on doit se figurer
aisément avec quelle ardeur nous
nous empressâmes d'en profiter :
nous étions sûrs que la visite de
l'Agent seroit d'une longueur
énorme , on ne se quittoit jamais sans avoir médit généralement de tous ses confreres , &
puis dans cette occasion les nourrissons de l'Eglise ont toute une
autre charité que les gens du
siécle ; à peine fûmes nous bien
certains qu'ils étoient aux prises,
que nous ne tardâmes pas à les
imiter , mais d'une façon bien
differente : nous étions dans
l'appartement du Prélat, & cela
joint au plaisir de le tromper ,
& à l'appas qu'ont naturellement
les choses défendues , mettoit le

comble à nos plaifirs : après quelques baifers qui fervent toujours
de préludes dans de femblables
occafions, & quelques attouchemens qui font comme des avant
coureurs neceffaires, je pris mon
adorable Marquife dans mes
bras, & je la précipitai fur la
couche Epifcopale , quelle mo-
leffe ! Quel luxe ! Quelle élaf-
ticité , nous étions prefque en-
fevelis dans le duvet qui devoit
fervir de théâtre à nos plaifirs :
qu'on ne me vante point le fafte
mondain , & les commodités
que l'opulence communique aux
enfans de Plutus : baiffés pavil-
lon, Crefus modernes, & conve-
nés humblement de la differen-
ce de vos fuperfluités avec les
faintes aifances dont l'E-
glife partage fes ferviteurs :
ameublemens bruns , fans éclat,
mais d'un goût ! d'une attention !
d'un ordre ! Lits modeftes ,

mais quels lits ! Quels duvets ! Quels oreillers ! Quel aigledon ! Providence, dont les décrêts font auſſi infaillibles qu'incompréhenſibles ; quoi, lâche, tu as été du nombre de ces bienheureux Elus, que dis-je! tu y es encore, & tu peux avoir formé le coupable projet de quitter le ſacré troupeau, pour rentrer dans un monde pervers, où l'imperfection & l'inſuffiſance des plaiſirs les plus vifs, eſt une preuve continuelle de la malediction répandue ſur tout ce qui n'habite point la region de Papimanie.

Nous fumes un moment la Marquiſe & moi avant de nous accoutumer à une béatitude à laquelle nous n'étions point faits, le dur chalit d'un Billette ou d'un Franciſcain, eut peut-être beaucoup mieux ſervi nos déſirs ; mais enfin que faire, il fallut bien ſe mortifier, & prendre notre mal en patience, les plus vives careſſes m'ouvrirent la route fortunée des plaiſirs, elle s'a-gitoit, & chaque bond de volup-té faiſoit gémir terriblement le repoſoir de Monſeigneur, qui n'étoit pas accoutumé à une cour-ſe ſi vive & ſi peu ménagée; ma valeur ne ſe ralentit qu'après de rudes travaux, je ſentois en moi quelque choſe d'extraordinaire, que m'inſpiroit ſans doute cette couche prédeſtinée, enfin nous nous levâmes après un long eſpace de temps paſſé dans une continuité rapide des plaiſirs les plus vifs, & ayant réparé le plus adroitement qu'il nous fut poſſible, les petits déſordres que nos ébats amoureux avoient cauſés dans l'arrangement du lit de ſa Grandeur, nous ſortîmes de ſon appartement, après y avoir paſſé une des après-dinées les plus voluptueuſes dont il me fouvienne ; nous apprimes que Monfieur l'Agent venoit de reprendre le chemin de Paris, & nous fûmes rejoindre mon oncle qui étoit allé faire quelques tours de Jardin.

Il ne lui vint pas le moindre foupçon des chofes auxquelles nous nous étions occupés pendant fon abfence, & nous goutâmes encore quelque temps tous les plaifirs attachés à une intrigue fecrette, & bien conduite, enfin la faifon revint de retourner à Paris, mon oncle, la Marquife & toute la compagnie revinrent enfemble, & je fus obligé de les fuivre, & peu de temps après de retourner en Sorbonne pour y achever mon cours de Théologie, & me rendre digne par-là des faveurs dont je devois être bien-tôt comblé; je continuai cependant à voir la Marquife affiduëment, & quoique ce que je reſſentois pour elle, ne méritât pas le titre de paſſion véritable, j'avouerai cependant que mon goût ſe ſoutenoit avec aſſés de vivacité, pour que notre intelligence eût pû durer encore long-temps, lorſque le Diable qui veille toujours, ſurtout autour des Elûs, s'aviſa du croc en jambe le plus extraordinaire, pour tenter ma Religion, & précipita ma rupture avec la Marquiſe, par un piége dans lequel tout homme eût donné, à plus forte raiſon un homme de ma robe.

On ſe ſouviendra peut-être d'une ſoubrette dont j'ai parlé au ſujet des bains de la Marquiſe, & du portrait racourci que j'en ai tracé, il étoit d'après l'attention paſſagere que j'y avois fait dans ce tems-là ; mais enfin, ce même temps amena tout, & rarement peut-on réſiſter aux événemens qu'il fait naître : je la trouvois souvent vis-à-vis de moi , il n'étoit pas possible qu'à la fin je ne la remarquasse : Clairette , c'étoit son nom , avoit un de ces minois fins & délicats , qui gagnent à être vûs & examinés de près ; c'étoit bien la plus jolie tournure de visage, les petits yeux les plus fripons , la gorge la plus blanche & la plus potelée , le pied le plus mignon, enfin l'ensemble de figure le plus frais que vous eussiez pû trouver, & tout cela m'étoit pour ainsi dire offert, & étoit à ma disposition, car je commençois à me connoître en mines , & même je minaudois déja supérieurement ; j'avois donc surpris plusieurs fois la petite personne tournant sur moi de certains grands yeux languissans , qui sembloient se plaindre du peu d'attention que je faisois à leur langage ;

langage ; j'entendois fort bien ce que cela vouloit dire , mais comment aurois-je alors voulu ni pû y répondre , sans ceſſe occupé de la Marquiſe, pouvois-je être diſtrait par un autre ob-jet ? ce n'eſt pas que je n'euſſe été bien aiſe de la croquer en paſſant ; car j'avois déja alors de furieuſes diſpoſitions aux qualités eſſentielles à mon état , je ſçavois bien que le proverbe *d'en prendre ſur l'Autel* , avoit été fait pour nous ; mais ſoit bê-tiſe, ſoit faute d'occaſion , ſoit attachement ridicule inſépara-ble d'une premiere affaire , j'a-vois rejetté loin de moi toutes les petites tentations du métier qui m'étoient venues à cet égard; je tins ferme tant que nous fû-mes à la campagne , je réſiſtai même à mille agaceries fort dé-cidées de la part de la petite perſonne , mais c'étoit à Paris ,

en Sorbonne où le diable m'attendoit, plus fin que moi y eût
été pris, comme on va le voir.

J'étois un jour retiré fort tran-
quillement dans ma chambre,
j'étudiois, & je réfléchiffois fur
les moyens les plus efficaces
d'abréger un noviciat qui me
pefoit étrangement, lorfque le
portier du Collége, dont j'a-
chetois les complaifances, vint
m'avertir qu'il y avoit à la porte dans un caroffe un jeune Abbé, qui demandoit fi j'étois vifible & feul, & qui témoignoit
beaucoup d'empreffement de me
voir ; j'avois une infinité de con-
noiffances de mon âge, ainfi
fans m'arrêter à deviner qui ce
pourroit être, je dis fimplement
au portier de faire monter ; il
m'obéit, & quelque temps après,
ayant entendu du bruit à ma
porte, je m'avançai, & je vis
entrer un jeune Eccléfiaftique,

d'une figure charmante , dont
les traits m'étoient d'abord inconnus , il s'avança vers moi en
rougiffant , vous ne me reconnoiffez pas, me dit-il d'une voix
touchante & mal affûrée , peut-
être,après-tout,que c'eft un bonheur pour moi , & qu'une démarche auffi hazardée que la
mienne , ne pourroit vous infpirer qu'un odieux mépris pour
la malheureufe Clairette : jugez
de ma furprife , je reftai confus
& interdit, le pauvre Abbé ou
Clairette , comme on voudra
l'appeller , étoit tombé à mes
genoux , & tenoit mes mains
qu'il arrofoit de fes larmes , ô
amour ! ou plûtôt , ô Dieu du
plaifir ! que ton attrait eft puif-
fant fur un cœur jeune & fou-
gueux , jamais je ne me fuis piqué de cruauté envers le beau
fexe ; & d'ailleurs , de quel front
aurois-je pû rebuter une aimable

enfant, qui venoit mettre son sort, sa vie, & tous ses charmes à ma disposition ; je la relevai avec ardeur, & la serrant dans mes bras, je lui prodiguai tous les noms les plus tendres, & les plus propres à la rassûrer : pendant ce temps-là Monsieur le futur Docteur s'échauffoit terriblement dans son harnois, l'ennemi qui veilloit pour ma défaite, m'avoit environné & surmonté, je sentois son éguillon redoutable, qui à chaque moment me piquoit de plus-en-plus, je ne sçavois pas de meilleur remede à la tentation que d'y succomber : malheur à tout Lecteur & à tout Critique devant qui je ne trouverai pas grace, c'est certainement plus mauvais signe pour lui que pour moi.

J'accablai donc de caresses mon nouveau Collegue, & pour

lui épargner un aveu qui auroit redoublé sa confusion, je l'entraînai doucement vers une alcove qui receloit le plus humble des grabats : je ne cessois de la baiser chemin faisant, & de l'encourager par tout ce que je croyois de plus propre à surmonter un reste de timidité naturelle au sexe, surtout après une démarche si hardie ; à peine l'eus-je fait asseoir sur le lit, que déboutonnant avec précipitation sa soutanne, je portai mes mains sur un sein dont la blancheur éblouissante étoit encore infiniment relevée par le contraste de l'habillement : Dieux ! que d'attraits ! que de beautés ! je ne sçavois laquelle méritoit préférablement mes baisers & mes hommages, je m'en yvrois de plaisirs sans pouvoir m'en rassasier, Clairette, la tendre Clairette à demi vaincue,

ne se défendoit plus que bien foiblement , enfin en proye aux
transports les plus vifs , j'achevai d'écarter tous les vêtemens
& les obstacles qui s'oppofoient
à mes defirs ; heureux Abbé !
que de charmes devinrent la
proye de tes mains & de tes avi-
des regards ! rien ne fut plus
capable de m'arrêter , la Sorbonne entiere auroit tenté en-
vain de me faire quitter prife ,
bientôt je renverfai Clairette
fur mon chalit , & je hâtai fa
défaite & mes plaifirs avec une
vigueur qui m'étoient bien né-
ceffaires en cette occafion , ce
fut plutôt un maffacre , que le
facrifice volontaire d'une victime, le fang coula à grands flots,
les larmes s'y mêlerent , larmes
prétieufes ! entrecoupées de foupirs brulants , fuivies d'une volupté indicible , le grabat de
M. le Docteur gemiffoit fous

les coups redoublés du Sacrifi-
cateur, mais il étoit à l'épreuve,
un châlit en tel cas eſt un meu-
ble impayable, ſi j'euſſe eu en ſa
place le lit mollet de Monſeigneur mon oncle, nous étions
perdus, il ſe ſeroit écroulé avec
fracas, & nous auroit entraîné
dans ſes ruines.

Revenus de notre premiere
yvreſſe, ma chere Clairette
plus enhardie, m'avoua qu'elle n'avoit pu s'oppoſer au penchant quelle avoit conçu pour
moi à la premiere vue, qu'il
n'avoit fait qu'augmenter pendant notre ſéjour à la campagne, quelle avoit été deſeſperée
de l'air indifférent avec lequel
je recevois toutes ſes marques
d'attention, qu'enfin notre ſépa-
ration n'ayant fait qu'aigrir ſon
mal, au lieu de le guérir, elle
s'étoit determinée à ſe ſervir
de ce déguiſement pour ve-

nir m'offrir fon cœur & fa perfonne, réfolue de fe cacher aux
yeux de tout l'Univers, fi je venois à recevoir fes offres avec
mépris ; je la remerciai du mieux
qu'il me fut poffible du don précieux qu'elle m'offroit, & m'i-
maginant que je ferois en effet
un lâche, fi je fourniffois fi peu
de courfes dans un fi beau champ,
je me mis en devoir de lui donner de nouvelles marques de
ma reconnoiffance : nos plaifirs
recommencerent donc avec plus
de vivacité que jamais, le modefte grabat trouva encore place
dans la converfation, & nous fut
d'une merveilleufe utilité : enfin
elle me quitta après que nous
nous fûmes donnés mille marques de la paffion la plus emportée, & elle me promit de
faire ufage le plus fréquemment
qu'elle pourroit d'un déguife-
ment qui avoit été fi favorable
à fon amour.

Elle me tint exactement parole, & nous goutâmes enſemble des plaiſirs inexprimables
pendant le cours de quelques
mois, qu'elle me rendit de fréquentes viſites ; mais j'étois trop
heureux pour que cela pût durer:
je m'étois toujours conſervé en
faveur auprès de la Marquiſe ,
& j'avois plus d'une raiſon pour
cela , c'étoit le reſſort qui faiſoit
agir la libéralité de mon oncle ,
& ſouvent même la ſienne y
ſupléoit , mais il ne ſe pouvoit
pas faire que je cultivaſſe deux
plantes à la fois ſans qu'il fut
aiſé de s'apercevoir que mes ſoins
étoient partagés, Clairette ſentoit bien la néceſſite du partage,
auſſi n'en étoit-elle que médio-
crement en peine , mais la Marquiſe ne fut pas d'une compoſi-
tion ſi aiſée, elle connut bientôt
à la tiédeur de mes ſoins , & à la
rareté de mes hommages , que

j'aliéncis un fond , dont elle s'é-
toit flattée d'avoir l'entiere pro-
prieté : trop inftruite du monde
pour croire m'arracher la verité,
& trop diffimulée pour me faire
une fçéne , qui n'auroit point
abouti à l'éclaircir , elle fe bor-
na à faire épier foigneufement
mes démarches , bien-tôt fans le
fçavoir je fus éclairéde près,& elle ne tarda pas à apprendre qu'un
jeune Abbé me rendoit de très-
longues & très fréquentes vifites,
elle fçût avec la même prompti-
titude qui il étoit , & la tra-
hifon qu'elle foupçonnoit , j'i-
gnore encore par quel moyen
elle put fe procurer des lumieres fi fubites & fi certaines, quoiqu'il en foit fa vengeance fut
auffi prompte que les éclairciffemens , la malheureufe Clairette victime de fes fureurs fut
enlevée brufquement & renfer-
mée à Sainte Pélagie , pour fer-

vir d'exemple aux foubrettes qui s'avifent de plaire d'avantage que leurs Maîtreffes.

J'ignorai pendant quelques jours cette cataftrophe ; mais enfin ne l'ayant point vû arriver à fon ordinaire, un jour qu'elle avoit choifi elle-même pour venir me voir, ni le jour qui le fuivit, je commençai à concevoir quelques inquiétudes : je devois aller diner chez mon oncle le lendemain, je fortis avant l'heure ordinaire, & je fus me préfenter à la porte de la Marquife ; elle me fut refufée, cela m'étonna, je ne pus même obtenir d'éclairciffemens du Suiffe, & je fus réduit à prendre langue aux environs, où des voifins charitables m'inftruifirent que Clairette avoit été enlevée, fans qu'on fçût où elle avoit été conduite, ni pourquoi : je pris le chemin de la

maison de mon oncle , au de-
sespoir de cette avanture , mais
j'étois bien éloigné de prévoir
ce qui m'y attendoit ; mon oncle me reçut avec un froid gla-
çant : le Roi , me dit-il , vient
de m'accorder pour vous, l'Abbaye de.... c'est un Bénéfice
considérable , & qui tomboit en
ruine par la faute de votre de-
vancier , l'œil du maître aura
bien-tôt remédié à ce désordre,
d'ailleurs il est dans les régles
que vous alliez prendre posses-
sion ; je pâlis à cet ordre terrible , mais que devins-je quand
il me signifia qu'il falloit partir
la même nuit , ou entrer au Séminaire le lendemain: un frisson
mortel courut dans mes veines,
ce Séminaire terrible m'épou-
vantoit, d'un autre côté quitter
Paris , sans sçavoir ce qu'étoit
devenuë Clairette , cette Clairette qui ne s'étoit perduë que

pour

pour moi : jamais de ma vie je ne fus réduit à une si étrange perplexité ; pour m'achever , la perfide Marquise arriva gaye & triomphante , elle me félicita de mon nouveau grade , d'un air goguenard & méchant , & appuya comme une forcenée pour le départ : ainsi malgré mes rufes & mon dépit , il fut fixé au foir après fouper : en-vain voulus-je m'échapper fous prétexte d'aller chercher mes hardes à mon Collége , on eut la charité diabolique de m'épar-gner encore ce foin : on me garda à vûë tout le jour , & le moment du départ arrivé , fans entrer en aucun détail , le Doc-teur de Sorbonne nouvellement Abbé Commandataire , fut em-ballé dans une berline avec un vieux finge , valet de chambre ou gouverneur , efpèce d'ani-mal amphibie , d'une figure &

H

d'une humeur rébarbative, qui, pour comble de défaftre, fut chargé du magot, afin de me tenir mieux en bride, de forte qu'il fallut me borner à attendre mon retour pour m'inf-truire du fort de Clairette, & prendre en enrageant le chemin de mon Abbaye.

Le fouvenir de la malheureufe Clairette m'occupa pendant tout le cours de mon voyage : ce n'eft pas que je fuffe prévenu d'une inclination violente pour elle, mais j'ai toujours eu le cœur bon & compatiffant, & j'étois véritablement touché du fort de cette pauvre enfant, dont j'avois en quelque forte occa-fionné la perte ; cependant la néceffité m'obligea de mettre des bornes à mon inquiétude, jufqu'à ce que mon retour à Paris me fournît l'occafion de lui rendre des fervices plus effen-

tiels que celui de m'affliger inuti-
lement pour elle: je fis aussi bien
des réflexions sur le lieu de mon
exil , & sur la vie que j'allois y
mener , je m'en faisois d'avan-
ce une image affreuse , jamais
mon inclination ne s'étoit tournée du côté de la vie campagnarde, je détestois tout ce qui
avoit l'apparence de solitude :
les bois , les fontaines , les bo-
cages , les ombrages , les ruis-
seaux roulants leur onde sur un
sable argenté , enfin toutes les
doucereuses fadaises dont Messieurs le Poëtes Lyriques farcis-
sent leurs insipides ouvrages ,
tout cela , dis-je , avoit toujours excité en moi beaucoup
d'ennui , & pas le moindre petit
desir ; l'endroit où j'allois étoit
éloigné des grandes villes , j'a-
vois, il est vrai , des voisins de
Paris , gens en place & de bonne compagnie , mais nous n'é-

tions pas encore dans la faison
où ils venoient habiter leurs
terres , & je fentois combien
j'avois à m'ennuyer en les atten-
dant ; de me réfoudre à voir la
nobleffe campagnarde , oh !
il n'y avoit pas moyen , ç'eût
été vouloir de propos délibé-
ré être homicide de foi - même , en s'expofant à périr
d'angoiffe & d'ennui ; le feul
parti donc qui me reftoit à prendre , étoit d'être feul , & de
faire des châteaux en Efpagne;
car je n'avois pas un feul livre,
& j'allois habiter avec les plus
ignorans de tous les Moines ,
qui à coup fûr faifoient bien
moins de cas d'une Bibliothéque
que d'un cellier, & je ne foup-
çonnois pas à aucun d'entre eux,
une converfation capable de me
dérober à l'ennui dont j'étois
menacé.

J'arrivai avec ces favorables

préventions, & je ne trouvai rien au premier coup d'œil qui fut capable de les détruire ; mon Palais futur étoit un vieux bâtiment gothique, fait à plusieurs reprises, & composé de mille lambeaux, dont quelques-uns, surtout l'Eglise, étoient furieusement délabrés ; quoique nous fussions encore dans la saison rude, il n'y avoit presque pas une seule vitre, ce qui me prouva bien que ce n'étoit pas là où ces Messieurs se tenoient le plus souvent: cinq à six grosses figures noires, bardées de scapulaires, & assez gras pour des Chanoines de campagne, vinrent me recevoir à mon carrosse, & l'un d'entr'eux me régala d'un compliment dont il avoit heureusement oublié les trois quarts, mais qui me laissa remarquer dans le peu qu'il m'en débita, l'éloquence rouillée des Orateurs provinciaux, on me conduifit à mon appartement à travers les cours de l'Abbaye, où je remarquai en paffant des baffes-cours pleines d'une honnête quantité de toutes fortes de volailles, qui me fit prendre affez bonne opinion de la prudence de mes Confreres ; les dedans de la maifon étoient plus rians & plus commodes que les dehors ne fembloient le promettre, & on retrouvoit toujours, quoique dans un genre bien inférieur, à celui de mon oncle, cette modefte précaution, cette attention charitable de fe procurer toutes le commodités de la vie, ma chambre à coucher furtout, paroiffoit le Palais du fommeil, la tournure de l'alcove & des meubles, les vûës même de l'appartement, tout excitoit à dormir les deux tiers de fa vie, & le défœuvrement invitoit na-

rurellement à employer l'autre
tiers à manger : c'étoit deux
pointsque Meſſieurs mes Confreres rempliſſoient religieuſement : en général la maiſon
étoit aſſez bien tenuë , mais ce
fut bien autre choſe quand j'eus
vû le réfectoire & la cave : quelle
netteté ! Quel ſoin ! Que de
précautions pour être calfeutrés
& à l'abri des injures de la ſaiſon ! Il étoit bien aiſé de voir
que c'étoit là le lieu le plus ha-
bité de la maiſon : quant à la
cave elle étoit immenſe, & quoiqu'elle fut toujours l'objet des
lamentations de mes Confreres,
j'en ai vû peu d'auſſi-bien four-
nies : il eſt vrai qu'elle avoit
ſouvent beſoin de renforts : mais
la Providence avoit ſoin d'y
pourvoir , & ce n'étoit pas une
petite preuve de ſa puiſſance ,
qu'elle pût deſalterer ſi bonne
compagnie : quant à l'Egliſe ,

je n'en parlerai pas : c'étoit le repaire de tous les rats & de toutes les araignées du pays, qui y tenoient un Synode qu'on n'interrompoit guéres : je n'oublierai cependant point ici un trait de prudence de mes Confreres , qui étoit une Chapelle dédiée à je ne sçais plus quel saint , mais qui guerrissoit infailliblement de tout : le canton n'avoit garde d'en douter , & on voyoit attachés au mur, un grand nombre de bras , de jambes , & de têtes , dont les corps se portoient très-bien au moyen de cette précaution , & cependant il n'étoit question pour les habitans que d'entretenir d'huile quelques lampes,& de fournir un habit au Saint le jour de sa fête : il est vrai qu'il falloit que tout le monde y concourût, sans quoi le Saint faisoit manquer la récolte , mourir les bes-

tiaux , acoucher les femmes
avant terme , & mille autres dif-
graces terribles que mes hum-
bles Confreres annonçoient
amicalement, & comme de la
main à la main , & qui en
échauffant la charité des fidéles,
faifoient arriver la prétendue
provifion du Saint , dont la
moitié fe métamorphofoit en
vin , & le refte en meubles de
baffe-cour.

Mes Confreres à l'abri de
cette petite dévotion , d'un revenu honnête & de leur petit
nombre, menoient une vie ani-
male affez heureufe : d'ailleurs
leurs amufemens confiftoient à
aller chaffer avec tous les hou-
bereaux du voifinage , chez qui
ils s'établiffoient en vrais enfans
de la fainte Eglife , c'eft-à-dire
qu'une légion de Diables ne les
en auroit pas fait défemparer: ils
cajolloient les femmes , & s'en-

yvroient avec les maris, se prê-
toient à tous leurs ridicules,
entroient dans leurs querelles,
écoutoient patiemment leur généalogie, jouoient aux Dames
toute la journée ensemble, &
ainsi du reste.

Jugez, mon cher Marquis,
quelle vie pour un homme de
mon humeur, n'auroit il pas autant valu m'enterrer tout vif, que
de fréquenter pareille espèce,
c'est aussi à quoi je me détermi-
nai, & pour diminuer en quelque sorte l'ennui dont j'étois menacé, je demandai en tremblant
qu'on me menât à la bibliothe-
que ; un de mes Bénédictins qui
étoit décoré du titre imposant
de bibliothéquaire, s'agita avec
chaleur pour en trouver la clef,
ce fut un embarras & une confusion terrible dans mon troupeau
à cette nouvelle, les plus anciens d'entr'eux ne se souve-

noient pas d'y être jamais entrés,
enfin nous fûmes obligés d'enfoncer la porte, M. le Bibliothéquaire m'introduifit avec empha-
fe dans une grande piéce ornée
des quatre murailles, ou j'apperçus dans un coin quelques Li-
vres entaffés,& couverts de pouf-
fière , j'en eus bien-tôt fait la re-
vue , une armée de Rats me céderent la place au premier mouvement que je fis pour y toucher;
ils confiftoient en quelques Mif-
fels délabrés , & gothiques , une
vieille édition du CuifinierFran-
çois , un Traité de l'indigef-
tion par un Moine de Cluny , &
l'éloge de l'yvreffe qui paroiffoit
être de la même plume , mais
l'Auteur par un excès de modef-
tie n'y avoit point mis fon nom,
je rendis ces utiles monumens
à leur premiere deftination ,
bien guery pour toute ma vie
de la curiofité de voir aucune
Bibliothéque de Chanoine.

Ma feule reſſource fut donc la folitude & les rêveries, juſques à ce qu'il plut à mon oncle de me rappeller au Paradis terreſtre dont il m'avoit chaſſé : je me croyois aſſurément bien à l'abry des avantures dans un lieu ſi reculé , lorſque le fort qui me préparoit de nouvelles ſcénes, m'en ſuſcita une qui ſervit à me prouver clairement que l'ordre des événemens de notre vie , eſt une choſe contre laquelle toutes les régles de la prudencehumaine viennent toujours échouer.

Il y avoit quelque mois que je vivois tranquille dans mon Abbaye, lorſque je fus obligé pour quelques diſcuſſions, qui regardoient mes Prebendes , d'aller à B.... Ville Epiſcopale dont je dépendois ; j'y paſſai quelques jours avant que ce qui m'y amenoit fut terminé , & n'y ayant

rien

rien vû dans les deux fexes qui me parut mériter ni liaifon, ni attention, je repris le plus promptement qu'il me fut poffi-ble le chemin de mon afyle : je n'en étois plus qu'a environ trois lieues, & j'étois prêt à quitter le grand chemin pour en pren-dre un de traverfe qui y condui-foit, lorfque mes oreilles furent frappées de quelques cris per-çans qu'on pouffoit a cent pas de moi ; j'ordonnai à mon Pof-tillon de tourner de ce côté-là, malgré toute la prudence Ecclé-fiaftique qui fembloit me le dé-fendre, & j'apperçûs devant moi un caroffe à fix chevaux dont un effieu de derriere avoit caffé, & qui étoit renverfé dans les boues: je defcendis précipita-ment de ma chaife, & voyant une livrée qui ne m'étoit pas in-connue, je demandai à un des gens, qui étoit fa maîtreffe : il

I

m'apprit que c'étoit la Préfidente de S.... qui alloit à une fort
belle terre , qu'elle avoit à deux
lieues de-là , & à cinq de mon
Abbaye, qu'elle étoit dans fon
caroſſe avec fon Intendant &
deux de fes Femmes , & qu'elle
avoit perdu connoiſſance par la
frayeur qu'elle avoit eu : effectivement fes Femmes deman-
doient du fecours à grands cris,
& je fis tant par mes efforts &
ceux de mes gens qui me fui-
voient , que nous parvînmes à
les dégager de la voiture ; la
Préfidente eut de la peine à reprendre fes fens , je la reconnus à la première vue , je me
fouvenois de l'avoir rencontrée
à Paris : elle étoit jeune & d'une
figure charmante , je formai
dans l'inſtant le plan d'une liaifon avec elle, & la réputation
où je ſçavois qu'elle étoit de
femme galante , fut une raiſon

de plus pour m'affermir dans
mon projet, & m'en faire efpérer un heureux fuccès : elle parut recevoir mes foins avec reconnoiffance, & me regarder
même avec quelque efpece d'attention ; dans les idées que je
venois de concevoir, je lui re-
prefentai que fa voiture ne pouvoit point lui rendre aucun fer-
vice, jufqu'à ce qu'on eut en-
voyé chercher un ouvrier au
Village le plus prochain qui
étoit à près d'une lieue ; j'ajoutai que la nuit étant prête à tomber, il ne convenoit pas qu'elle
reftât expofée à mille inconvé-
niens fâcheux fur un grand chemin, & je m'offris de la mener
à fa Terre avec ma voiture, &
de laiffer fes gens avec la fienne,
jufqu'à ce qu'elle fut en état de
marcher : elle fit quelques diffi-
cultés à travers lefquelles j'entrevoyois qu'elle n'auroit point été

fâchée d'être preffée , j'infiftai, & enfin elle accepta , avec une apparence de confufion , je lui offris la main , & après avoir donné des ordres à fes gens, nous montâmes dans ma voiture , & nous prîmes le chemin de fa Terre.

A peine fûmes nous feuls , que la connoiffant trop bien de réputation , pour prendre les chofes de trop loin avec elle, je lui fis une hiftoire , qui, quoique vieille & ufée , me parut encore d'affez bon aloi en cette occafion : je fis un vrai coup de théatre , je jouai le furpris, l'anéanti , le confondu , je m'attriftai par degrés, & bientôt je devins d'une mélancolie affreufe , je pleurai même, car c'eft un don que je poffedois, j'avois les larmes à commandement , & c'eft un point effentiel , & peut-être une des amorces les plus adroites par ou on puiſſe prendre les femmes ; on me fit des queſtions ſur mon état , on parut s'y intéreſſer , je ſoupirois avec un air ſcélerat , je ne répondois point , mais je me faiſois une violence extrême pour ne point éclater de rire : enfin elle me parut s'attendrir , & elle voulut ſçavoir abſolument quelle étoit la cauſe de ce cha-grin ſi ſubit , je lui dis enfin d'un ton de tartuffe ,que je n'at-tribuois qu'à mon étoile l'a-vanture deſeſpérante qui m'ar-rivoit , ſans l'en rendre en aucune façon reſponſable , el-le me conjura de m'expliquer , & lorſque j'eus mis en jeu tous les *lazzis* néceſſaires en pareil-le occaſion : je lui avouai avec un tremblement & une confu-ſion étudiée , que je l'adorois depuis longtems , que j'avois eu l'occaſion de la voir pluſieurs fois à Paris, fans avoir jamais pu trouver celle de me faire connoître d'elle, quoique je l'euffe cherchée avec ardeur : j'ajoutai mille plaintes de mon fort qui me la faifoit rencontrer pour redoubler mes peines, & enfoncer d'avantage le trait qui déchiroit mon cœur : enfin je fis le paffionné, l'amant tranfi, le héros de Roman, heureufement j'avois a faire à une begueule, qui, quoique toujours prête à fe rendre, vouloit être attaquée dans les formes, & domptée par le fentiment, en un moment, je tournai fa petite tête que c'étoit une pitié, elle me répondit d'abord par tous les lieux communs que les fottes faciles employent en pareil cas, les amans ne font jamais contens, votre figure, & la tournure de votre efprit me reviennent affez, je fens que je vous aimerois beaucoup , mais vous autres hommes , vous êtes infatiables , ſi je ſuivois mon penchant , bien-tôt vous exigeriez des choſes...je l'aſſurai bien poſitivement que j'avois trop de reſpect pour elle , pour me conduire de la ſorte , je vis qu'elle doutoit de ce que je lui diſois ; j'ajoutai des proteſtations & des ſermens, & pour y donner plus de poids, je me mis, pour paſſer le tems , à prendre des baiſers ſur ſa bouche, & à viſiter quelque peu ſa gorge : finiſſez-donc, me diſoit-elle, d'un ton nonchalant, ah! mon petit Abbé que vous êtes libertin! à mon retour à Paris , j'en inſtruirai votre oncle ; je ne répondois à ces menaces , qu'en continuant mes occupations philoſophiques : en cet inſtant , nous paſſâmes en un endroit où le chemin étoit fort rompu , & où par con-

séquent, le cahos de la voiture
étoit bien plus sensible, elle eut
encore peur de verser, & elle
se pencha entiérement sur moi
avec un air de frayeur assez bien
imité, je m'empressai de mon
mieux à la rassurer, je sçai que
dans le cœur humain, le sentiment le plus fort détruit toujours
le plus foible, je n'en sçavois
qu'un au-dessus de la peur, je
me hâtai de l'employer, je m'é-
tois emparé de sa gorge avec un
empire qu'elle n'osoit plus me
disputer, une main étoit em-
ployée à cet office, & l'autre
étoit libre, je lui fis prendre un
chemin different, certaine poche
se presenta fort à propos, & me fit
arriver au sanctuaire des plaisirs
par l'escalier dérobé, on me ré-
sistoit encore, mais si foiblement ! on avoit tant d'envie
d'être vaincue ! que partout ailleurs, ce moment eût été celui

de mon triomphe , & la place
eût été emportée d'emblée : mais
je craignois l'indifcrétion des
mouvemens , & les jugemens
qu'en auroient porté mes gens
qui étoient derriere la voiture :
je me contentai donc de conſta-
ter mes droits , en reconnoiſ-
fant la place & tous les environs , j'achevai de les établir par
certain expédient qu'on met en
ufage dans les occaſions où on
ne peut faire mieux , ah finiffez ,
Monſieur , me difoit-on , mais
qu'eſt-ce que c'eſt que cette fo-
lie-là ? oui .... en vérité ....
cela eſt bien fpirituel .... pour
moi je ne vous conçois pas....
ah .... ah .... mon ami ...
mon cher Abbé. Je brûle ....
je n'en puis plus ... ah finiffez
donc.... comme vous m'accom-
modez ; avec ces propos & autres minuties femblables , nous
arrivâmes à fa terre , où rancune

tenante , elle m'offrit de paſſer
quelques jours avec elle : on me
donna l'appartement de Monſieur le Préſident qui ne devoit
arriver qu'aux Vacances , & ſi
je n'entrai pas dans tous ſes
droits dès la même nuit , c'eſt
qu'il ne nous fût pas poſſible
dans ce premier deſordre de
prendre de certains arrangemens : j'en parlai cependant, on
reçut m'a propoſition comme
un badinage , mais comme j'in-
ſiſtois vivement pour que cela
eût lieu la même nuit , on me dit
que j'étois un cerveau brûlé , &
que je n'avois qu'à venir le lendemain à ſon lever, parce qu'on
vouloit achever de me gron-
der , je promis & je tins parole,
bien réſolu de me mettre dans
le cas d'être grondé plus ſerieu-
ſement ; la Préſidente étoit au
lit dans un négligé qui n'étoit
pas ſans deſſein, je la trouvai mil-

le fois plus charmante, & effectivement c'eſt une grande femme
bien faite & de bon air, brune,
avec de grands yeux noirs qui
diſent tout ce qu'on veut, & le
diſent d'une façon ſi tendre ! la
taille admirable, la jambe belle,
peu de gorge, & très docile
comme il convient aux femmes
d'un certain monde, mais en
tout un port de Reine ; elle fit
tout ſon poſſible pour me gron-
der, & moi pour l'interrompre;
enfin après quelques préludes,
dont je connoiſſois trop le prix
pour m'en diſpenſer, je me précipitai ſur elle, & la couvrant de
baiſers & de careſſes, j'obtins
les dernieres faveurs comme par
eſcalade, & je me plongeai dans
une mer de délices, dont j'étois
privé depuis quelque temps.

La Préſidente fit tout ce qu'u-
ne femme qui a du monde, ne
manque jamais de faire en pareil

cas, elle bouda, fanglotta, dit quelle étoit bien malheureufe, que les hommes étoient biendangereux, qu'elle ne vouloit plus me voir, qu'elle ne me pardonneroit jamais, enfuitte elle s'apaifa d'elle-même, car j'eus la malice de n'y rien mettre du mien, & quand je la vis bien radoucie, je lui laiffai faire autant d'avances pour obtenir dêtre encore infultée, qu'il m'en avoit coûté pour l'infulter: on doit fentir que cela fut court, je fatisfis en galant homme, & notre commerce fut établi dès-lors avec une confiance inconnue aux amours de Roman.

Je goutai pendant quelque temps tous les charmes attachés à une intrigue libre & dégagée de paffion, la Préfidente étoit une femme unique pour ce genre d'affaire, je me figurois même qu'avec une occupation femblable

ble

ble je pourrois oublier Paris,
lorſque je vis arriver chez elle
certain grand Moine gris, qui
faiſoit le beau fils ; connoiſſance de Paris qu'on avoit enrôlé
pour venir dire la meſſe au Château, pendant les vacances, &
qu'on deſtinoit à plus d'un uſage,
comme je le reconnus bien-tôt ;
L'Obſervantin étoit un grand
drôle brun à ſourcils noirs, quar-
ré & taillé à profit, l'œil vif, la
jambe belle & nerveuſe, enfin
l'un des plus vigoureux étalonsdu
troupeau Franciſcain : il avoit
la main potelée, ſe mêloit de
Muſique, racloit de la viole,
ſavoit mille Chanſons, mille
colibets, mille rébus de campagne, diſant le petit mot à la
dérobée à toutes les ſoubrettes
&viſant à lamaîtreſſe, croquant,
toutes les femmes de cent pas,
enfin tel qu'il étoit, la Préſidente qui étoit connoiſſeuſe l'avoit

retenu, je ne sçai s'il avoit été un de mes devanciers, mais au moins ne tardai-je pas à être convaincu qu'il étoit choisi pour mon succeſſeur.

J'avois gagné par mes careſſes & par mes préſens, une des femmes de la Préſidente, qui me fournit le moyen de m'éclaircir de ce que je ſoupçonnois ; une après-dinée je feignis d'aller à mon Abbaye, je rentrai ſans être vû, & je fus me poſter dans un cabinet qui touchoit à l'appartement de la Préſidente, une porte vitrée couverte d'un rideau me déroboit à ſa vûe, & le premier objet qui me frappa, fut ma digne Maîtreſſe dans un habit fort leger, & propre à ſon occupation, & le robuſte Moine qui s'approchoit d'elle tout rayonnant de gloire, & produiſant des choſes capables d'anéantir & de revolter même par le peu d'apparence, & la rareté dont elles font. J'avoue que quoique je m'attendiſſe à quelque choſe d'approchant, je fus confondu de l'apparition : mais mon étonnement & ma rage ne tarderent pas à monter au comble, lorſque je vis la Préſidente ſe prêter aux lubriques tranſports du Francifcain, qui après quelques préludes bruſ-ques, qui ſe ſentoient bien de ſes beſoins & de ſa robe, la précipita ſur un lit de repos, & ſe débarraſſant de ſon incommo-de jaquette, s'empara tiranni-quement de tous les charmes que je croyois mon domaine, & commença une joutte auſſi rude que deſagréable pour un Specta-teur intereſſé comme je l'étois ; j'étouffois de rage dans mon afyle, vingt fois je fus ſur le point de ſortir, & de ſacrifier ces deux miſérables à ma colère, mais la

K ij

crainte que j'eus que ma vengeance ne fût pas affez complette , & que fe voyant fans témoins ils n'euffent l'effronterie de tout nier , me retint malgré moi , & me fit différer ce que j'étois bien réfolu de ne pas laiffer perdre ; il n'étoit plus queftion de douter de la confommation du facrifice , le Cordelier n'étoit pas homme à me laiffer là-deffus la moindre confolation , fi j'euffe été incrédule , & que j'euffe voulu démentir mes yeux , & ne pas ajouter foi aux premieres preuves , il fe difpofoit à en fournir fucceffivement un affez grand nombre pour vaincre l'ncrédulité la plus coriace ; je me le tîns pour dit , je me connoiffois trop bien en gens , pour conferver la moindre efpérance , d'ailleurs j'étouffois de colère de me voir joué auffi cruellement , & je fortis

pour aller méditer plus tranquil-
lement à la vengeance éclatante
que j'étois résolu d'en tirer.

J'avois avec moi deux de mes
gens en qui j'avois assez de confiance, & que j'avois pris après
le décés du vieux reitre qui m'a-
voit suivi, il avoit pris la peine
de passer à une meilleure vie, en
quoi il m'avoit rendu un signalé
service : je l'avois remplacé par
deux drôles dont j'étois sûr,
gens sans crainte & sans scrupu-
le, avec une honnête dose de
libertinage, en un mot, tels
qu'il les faut à de jeunes gens ;
l'un des deux avoit gagné les
bonnes graces de la soubrette
qui étoit dans mes intérêts, ce
qui favorisa encore notre projet ; ie ne tardai point à sçavoir
par son canal, que le Moine pas-
soit avec la Présidente toutes les
nuits, pendant lesquelles elle
pouvoit se flatter de n'être pas

interrompue ; je dirigeai mon plan fur ces lumieres , peu de jours après je feignis un voyage à mon Abbaye , ce qui m'arrivoit prefque toutes les femaines : je pris congé de la Préfidente , & je rentrai à la brune par une porte du parc que la foubrette eut foin de nous ouvrir ; nous nous cachames, moi & mes gens dans une ferme qui tenoit au Château ; vers le milieu de la nuit notre confidente vînt nous avertir que fa Révérence étoit entre deux draps avec la Préfidente , & nous introduifit fans bruit dans la maifon.

Je reffentis à ce te nouvelle une émotion mêlée de joie , de rage & de dépit ; j'étois auffi confondu de la certitude de ce que je craignois , que fi je n'euffe pas dû raifonnablement m'y attendre : Sexe perfide ! difois-je en moi-même , quelle confiance puis-je déformais prendre en toi, lorfque je vois une femme qui me prodiguoit il y a peu de jours les careffes les plus vives, me quitter, & pour qui ? pour un Moine, c'eft-à-dire, pour le rebut, pour l'opprobre de la nature ; je ne pouvois me laffer d'admirer de quelle méprifable efpece une femme bien née & d'une éducation cultivée s'étoit laiffée coëffer ; je ne donnerai point de nom aux tranfports qui m'agitoient, peut-être la vanité y entroit-elle bien pour les trois quarts, quoi qu'il en foit, je n'étois ni d'âge, ni en lieu d'examiner la nature de mes mouvemens, je ramaffai tout ce qui me reftoit de fang-froid, pour pofter mes gens comme nous en étions convenus, le plus à portée qu'il fut poffible de l'appartement de la Préfidente ; tout fembloit confpirer à la réuffite de mon deſſein, les domeſtiques de la Préſidente, qui étoient en petit nombre, gens lâches & efféminés, couchoient dans une aîle ſéparée du corps de logis où nous étions, la ſoubrette ſelon notre projet, me fit placer près de l'appartement de ſa Maîtreſſe, & ſe mit enſuite à crier au voleur de toutes ſes forces; le bruit pénétra juſqu'à ſon lit, & j'entendis de la porte les premieres marques de leur frayeur; craignant que le penaillon ne ſe dérobât à ma vengeance, j'entrai promptement dans la chambre où ils étoient au lit enſemble, ſuivi de mes deux déterminés laquais, chacun armé, ainſi que moi, à tout événement, d'une paire de piſtolets, & outre cela d'un foüet, inſtrument terrible très-néceſſaire au dénouement de la piece; je tournai une lanterne ſourde que j'a-

vois dans ma main , lorfque je
fus vis-à-vis du lit : qu'on juge de l'étonnement du couple
amoureux à une apparition fi
imprévue ; j'étois pour eux une
feconde tête de Médufe , ils demeurerent pétrifiés ; à quelques
difcours qui échaperent à la Préfidente dans le premier tranf-
port de fa colere & de fa honte , je ne répondis que par deux
ou trois phrafes laconiques, qui
l'inftruifirent en peu de mots de
tout le mépris qu'elle m'infpi-
roit ; quant à Monfieur le Moine
il n'en fut pas quitte à fi bon mar-
ché ; il s'étoit jetté précipitam-
ment hors du lit , & cherchoit
fes habits, & une iffue pour s'é-
chaper , mes gens ne lui permi-
rent ni l'un ni l'autre, à un fignal
que je fis , ils firent tomber leurs
fouets vengeurs fans aucune pitié fur fon dos ; le pauvre diable
faifoit des cris & des hurlemens

qui me réjouiſſoient infiniment: il s'en falloit de beaucoup qu'il fût dans un état ſi brillant, que lorſ-que j'avois été témoin de ſes proueſſes à travers la porte vitrée, tout étoit chez lui en très-humble & très chetive poſture : ce qu'il y avoit de fort plaiſant, c'étoit l'at-titude de la Préſidente péndant cette ſcene , mes ricaneries la déſoloient d'une étrange façon , elle vomiſſoit contre moi mille invectives , qui achevoient de me combler de joie : mes gens qui avoient mes ordres , après avoir regalé le Franciſcain en enfant de bonne maiſon , lui li-vrerent exprès le paſſage : il ne manqua pas d'en profiter , & de fuir en jettant des hurlemens affreux au travers des apparte-mens , pour gagner les cours , & trouver quelque aſyle contre no-tre rage , mais c'étoit préciſé-ment ce que nous demandions ,

nous le pourfuivîmes en le chaffant comme un liévre, & ne cef-
fant de lui épouffeter les épaules:
enfin, nous arrivâmes, le pour-
chaffant toujours, dans la grande cour du Château, où nous
trouvâmes quelques domeftiques
demi-nuds, qui accouroient pour
fçavoir la caufe d'nn fi horrible
vacarme : la vûe d'un piftolet,
dont chacun de nous avoit la
main pourvue, leur en impofa
affez pour nous laiffer achever
notre vengeance ; la Préfidente
crioit de toutes fes forces d'une
fenêtre, que l'on fit main-baffe
fur nous, que nous étions des
malheureux, des voleurs, des
affaffins : quelques mots fuffirent
pour arrêter toute cette canaille,
& leur apprendre l'hiftoire en
deux mots ; ils demeurerent
anéantis & confondus, cependant nous ne ceffions de toucher
fur le pauvre diable, le fang

ruiſſeloit de tous côtés ſur ſon corps, enfin voyant qu'il ne lui reſtoit aucun moyen d'échapper à notre rage, il prit le parti, malgré la rigueur de la ſaiſon, de ſe jetter à corps perdu dans un baſſin qui ſervoit à abreuver les chevaux & le betail; content de ma vengeance, & ſatisfait de le laiſſer dans un lieu ſi capable d'éteindre les feux de ſa lubricité, nous ſortîmes ſans que perſonne oſât nous diſputer le paſſage, & je fus rejoindre ma voiture dans un endroit écarté où elle m'attendoit; j'y trouvai la ſoubrette qui nous avoit ſi bien ſervi, qui n'avoit pas jugé à propos de courir les riſques de reſter avec ſa maîtreſſe après lui avoir rendu un pareil ſervice : un de mes gens lui avoit promis mariage, ainſi je mechargeai d'elle ſans ſcrupule,

pule, & nous reprîmes le chemin de mon Abbaye.

J'y trouvai en arrivant des lettres qui m'apprenoient que mon pere étoit à la derniere extrémité, & qu'il vouloit me voir, on me recommandoit de ne pas différer mon départ d'un moment : cette nouvelle m'affligea beaucoup, mais d'un autre côté je reffentis de la fatisfaction de quitter un païs où j'imaginois bien que cette fcene ne manqueroit pas d'être inceffament divulguée, n'ayant d'ailleurs aucune efpèce d'amufement qui pût me le faire regretter, je dis à mes Chanoines un adieu que j'efpérai être éternel, & je repris fans délai le chemin de Paris.

Je ne pus m'empêcher de faire en chemin quelques réflexions fur l'avanture qui venoit de m'arriver, je ne doutois pas

qu'elle ne fît l'éclat le plus dés-
honorant pour la Préſidente, &
que par un contre-coup néceſ-
ſaire je n'y fus mêlé déſagréa-
blement pour un homme de ma
robbe : je ſentis l'inconvénient
& le tort que cela pourroit faire
aux projets de mon oncle ſur
moi , & je fis un ferme propos
de regarder de plus près aux
femmes avec qui je contracte-
rois déſormais des liaiſons , car
de m'en paſſer tout-à-fait , cela
n'entroit point du tout dans mes
arrangemens : jecomptois donc
en conſéquence être à l'abri à
l'avenir de ſcenes ſemblables ;
mais je n'étois pas au bout, comme on va le voir. Je trouvai à
mon arrivée à Paris que mon pere venoit d'expirer, & que mon
firereétoit dans les embarras or-
finaires de toutes les ſucceſſions :
je l'avois peu vû juſques alors ,
& il ne s'eſt pas préſenté natu-

rellement d'occasion de parler de lui jusques à préſent dans le cours de mon hiſtoire : vous le connoiſſiez, cher Marquis, & vous ſçavez que je n'exagère point en diſant que tant pour les avantages de la figure que pour ceux de l'eſprit & du caractère, peu de Cavaliers en France pouvoient lui être comparés ; il joignoit à cela une douceur & une cordialité à mon égard, qui me firent bientôt oublier l'injuſtice du ſort dans le partage inégal qu'il faiſoit entre nous : nous nous aimâmes tendrement, & dans toutes les affaires qu'il eut à démêler pour la ſucceſſion de mon pere, rien ne ſe faiſoit ſans que je fuſſe conſulté. La Cour lui avoit accordé au ſortir des Mouſquetaires, où il avoit fait deux campagnes, l'agrément d'une Compagnie de cavalerie dans le Régiment de .... le

printems qui approchoit l'obli-
geant à partir pour joindre son
corps qui alloit servir à l'armée
de Flandre, il me donna un
pouvoir général de finir toutes
ses affaires, & se reposa avec
confiance sur mon amitié du soin
delesterminerle plus avantageu-
sement qu'il me seroit possible.

Au milieu de tous les détails
embarraffans dans lesquels la po-
sition de nos affaires de famille
me jettoit nécessairement, l'occafion se présenta naturellement
de revoir la Marquise, & comme j'avois l'air d'un personnage
important & décidé, je l'abor-
dai avec une audace qui m'é-
pargna au moins les trois quarts
des bouderies qu'elle me préparoit, je crois même qu'il ne m'auroit pas été impossible de renouer
avec elle, si l'avanture de la Présidente qui s'étoit répandue à Paris avant mon arrivée, ne m'eut

donné une réputation capable de glacer les femmes les plus intrépides ; elle étoit trop prudente pour s'expofer à une vengeance qu'elle n'auroit pû s'empêcher de mériter, ainfi dès ce moment nous eûmes fait enfemble : tout ce que j'en pus tirer, fut de fçavoir des nouvelles de Clairette, qu'elle m'apprit être fortie de fainte Pelagie, & mariée à un honnête bourgeois, qui la rendoit fort heureufe: j'appris avec une fatisfaction infinie la fin des malheurs de cette pauvre fille, & peut-être aurois-je cherché à renouer avec elle, lorfque le hazard me jetta dans une avanture imprévûe, & me précipita de nouveau dans un genre de vie que j'avois tant réfolu d'éviter.

Parmi les difcuffions héréditaires dont j'étois chargé, je trouvai les papiers d'un procès confidérable de ma Maison contre M. le Duc de . . . . pour des limites de terre ; nous étions voisins , c'est quelquefois affez pour être ennemis irréconciliables, & cependant le fond de la chofe n'étoit pas confidérable par lui même, la vanité y avoit la plus grande partie , & cela étoit d'ailleurs très-fufceptible d'accommodement; dans le tems que je vifitois avec ardeur & étonnement le grimoires immenfes que ce différend avoit occafionné, on m'annonça la vifite d'un ancien Avocat que je connoiffois de réputation pour un très-galant homme & très-éclairé: j'ordonnai qu'on fit entrer , & je ne fus pas peu furpris , lorfqu'après les premieres politeffes, il me dit qu'il étoit depuis longtems chargé des affaires de la Maifon de . . . . . & que M. & Me. la Ducheffe de . . . . . ayant

appris la mort de mon pere , &
que mon frere à son départ m'a-
voit laissé le soin de régler à ma
volonté toutes nos affaires de famille , lui avoient donné ordre
de venir conférer avec moi pour
terminer une ancienne discuf-
sion, dont le caractére inflexi-
ble de mon pere avoit éloigné
la fin , & pour laquelle ils es-
péroient que je voudrois bien
me montrer plus traitable : il
ajouta à ce discours toutes les
politesses qui pouvoient me flatter davantage : j'avois entendu
parler de cette affaire , & même
blamer dans ma famille l'entête-
ment de mon pere à ce sujet ;
dès que nous fûmes entrés dans
quelques détails , & que j'eus
reconnu combien ses propofi-
tions étoient raisonnables &
modérées , je ne crus point
trop m'avancer , en l'assûrant
qu'il ne tiendroit pas à moi que

tout ne fut terminé à la satisfaction de ceux qui l'envoyoient,
& il me quitta très-surpris de
de ce qu'il appelloit une modé-
ration inouie dans un jeune
homme, & très-content de l'accueil qu'il avoit reçu de moi.

Comme je n'ai jamais eu sur ma
naissance certains préjugés cam-
pagnards qui font qu'on tire aux
coups de bâton pour une premiere visite, je ne crûs point
faire une demàrche basse & ha-
sardée en allant à l'hôtel de.....
je fus annoncé & introduit à
l'instant dans l'appartement du
Duc, qui à mon seul nom, vint
au devant de moi & me com-
bla de politesse & d'amitié : il
ajoûta qu'il étoit confus de ne
m'avoir point prévenu, qu'il
étoit accablé d'affaires, mais me
dit-il, en plaisantant, je pars
après demain pour joindre mon
Regiment, par conséquent ce

n'eſt point à moi à qui vous aurez affaire, je vais, continua-t-il, en me prenant par la main, vous mener à votre adverſaire, défendez-vous de votre mieux, car je vous avertis que vous aurez affaire à forte partie : à ces mots il me conduiſit à l'appartement de la Ducheſſe qui étoit encore au lit, & qui étoit bien éloignée de s'attendre à une pareille viſite, elle cacha ſa ſurpriſe, & nous reçût avec toutes les minauderies qui appartiennent aux femmes de ce rang, voilà, Madame, lui dit le Duc en entrant, M. l'Abbé de T.... que je vous amene, vous ſçavez que je pars, & que je ne puis régler avec lui les affaires que nous avons enſemble, je vous laiſſe ce ſoin, je l'ai averti en ami que vous étiez fine, qu'il ſe défiât de vous, je vous le livre actuellement, c'eſt à vous à en tirer le meilleur parti que vous pourrez; à ces mots il fortit d'un air leger & détaché, & me priant de ne point me déranger, il me laiffa dans un tête à tête dont j'étois bien éloigné de prévoir les fuites.

J'avois fait jufques alors peu d'attention aux charmes de la Duchefle, à peine même avois-je arrêté la vue fur elle, mais dès que nous fumes feuls, je fentis que cette affectation ne pouvoit avoir déformais d'excufe, étant dans la néceffité de continuer la converfation avec elle ; hé bien, M. l'Abbé, me dit-elle, d'un ton enjoué, aurons-nous de grandes difcuffions enfemble, & ne puis-je efperer de les voir bientôt terminées, je vous avoue que jefuis charmée que tout ceci roule fur vous : j'ai entendu tout le monde faire votre éloge, & je me flatte que dans peu j'aurailieu

de me joindre à la voix publi-
que ; je la lorgnois en tapinois
pendant qu'elle me tenoit ce difcours , quoiqu'elle ne foit pas
regulierement belle, j'avoue que
je n'ai point vu en ma vie de figure plus feduifante ; fon négligé de lit avoit quelque chofe
de galant & de tendre qui faifoit un furieux ravage dans toute ma perfonne , une échelle de
rubans nouée négligemment me
laiffoit appercevoir une gorge
divine, adroitement menagée, &
dont rien ne pouvoit égaler la
blancheur, une quantité prodi-
gieufe de cheveux du plus beau
blond du monde tomboient par
boucles fur fon fein & en rele-
voient encore l'éclat, elle avoit
la main & le bras faits au tour ,
& fes divers mouvemens me per-
mettoient de les confiderer à
mon aife, enfin je ne voyois rien
qui ne fût pour moi la fource de

mille défirs : toutes ces petitesob-
fervations m'occupoient au point
que je fus quelques momens fans
lui répondre, enfin me rendant
peu à peu maître de moi, je lui
répondis dans les termes qui
pouvoient le mieux la perfuader
de mon défintéreffement & de
ma déférence à fes volontés,
je crois même qu'il m'échapa
quelques paroles qui dûrent lui
faire foupçonner une partie de
l'impreffion qu'elle faifoit fur
moi, elle avoit trop de monde
& trop d'expérience pour s'y
méprendre, & les œuillades
tendres qu'elle me décocha bien-
tôt, ne tarderent pas à me faire
concevoir un rayon d'efpérance ; cependant ma vifite étoit
d'une longueur énorme fans que
je m'en apperçuffe, enfin elle
fonna fes femmes, & me deman-
da la permiffion de s'habiller,
ce difcours me fit appercevoir

de

de ma faute , je me levai d'un
air deconcerté pour prendre
congé : oh pour celui-là non ,
me dit-elle , de l'air le plus en-
gageant , quelle folie ! où voulez vous aller à l'h eurequ'il eft, il
eft tard, vous dînerez avec moi,
je fuis feule , ne voulez – vous
pas bien me tenir compagnie ?
mais Madame , lui dis-je , en
balbutiant quelques mauvais re-
mercîmens , vous me faites infiniment d'honneur... je fuis au
defefpoir. ... je ferois mortifié
d'abufer de votre politeffe.....
il eft charmant , dit-elle , en
me regardant avec tendreffe , il
m'enchante , mais tenez l'Abbé
cela eft bon pourla premiere fois,
à l'avenir difpenfez – vous des
complimens, ils m'excedent, je
vous le dis une fois pour toutes ,
vous êtes ici prié né,que cela foit
fini : en difant ces paroles, elle
fortit de fon lit, en prenant fim-

plement quelques précautions pour la forme, mais si legeres... une de ses femmes étoit entrée qui lui aida à passer une robe, aimable désordre. . . . . nature charmante... que ne vis-je pas dans ce fortuné moment ! je vous l'avouerai cher Marquis, M. le Docteur de Sorbonne étoit dans une terrible agitation, j'avois l'air reveur & embarrassé, à peine distinguois-je les objets présens, & je n'avois pas même remarqué que la femme qui étoit venue étoit ressortie, & nous avoit encore laissé seuls ; le pauvre garçon, dit la Duchesse, en s'approchant de moi, il rêve, il est consterné, c'est un rendez-vous que je lui fais manquer, oh cela est criant! avouez moi donc, dit - elle, c'est une affaire de cœur qui cause vos distractions, au vrai, je suis bonne dans le fonds, je se-

rai finir votre captivité , je ferai même votre confidente fi
vous voulez , je fuis excellente
pour le confeil , & les paffions
tendres m'affectent à un point
qui n'eft pas concevable.

Qu'on me trouve un homme,
jeune & dominé par fes paffions , en état de les fatisfaire,
ne leur refufant jamais rien , un
Abbé en un mot, qui réfifte à des
agaceries fi decidées , fur tout
de la part d'une femme jeune ,
charmante , pour qui enfin tout
ne parle que trop , c'eft à vous
à qui j'en appelle , mes illuftres
confreres , juftifiez-moi en me
lifant, foutenez mon parti , contre la froide vieilleffe , & le vil
peuple des Cagots , répondez ,
qu'euffiez-vous fait à ma place ?
je prévois votre décifion , c'eft
celle du Cordelier de Rouffeau,
eh bien, reconnoiffez en moi un

digne Candidat, *elle le fut ou la peſte me tue.*

La Ducheſſe en me tenant tous les propos que je viens de dire, badinoit avec mes cheveux, rajuſtoit ſon tour de gorge de l'autre main, de façon que loin de rien perdre à cet arrangement, je decouvrois mille charmes au-deſſus de l'expreſſion, ces objets avoient porté mon émotion au point que je ne pouvois me contenir, je brûlois, je me conſumois de déſirs, je la fixois avec des yeux enflammés : que regardez-vous donc là, baiſſez les yeux, me dit-elle, en y portant ſa main, je ne ſçai, mais il me ſemble qu'ils me diſent mille choſes que je ne veux point entendre, ah ! Madame, m'écriai-je, emporté par mon amour, ou par mes déſirs, enfin par tout ce qu'on aimera le mieux, ah ! ils ne

vous difent que foiblement l'impreffion que vous avez faite fur
moi , que ne pouvez-vous y lire
tout ce que vous m'infpirez ! je
fens que je me perds en vous
parlant avec tant de franchife ,
mais je ne puis refifter à l'amour
violent que je reffens pour vous,
un moment a caufé ma défaite ,
le même moment fans doute va
combler mon infortune (avouez,
mon cher Marquis , que j'attra-
pois affez bien la fadeur de nos
anciens Romans) mais , point
du tout , reprit la Ducheffe ,
quelle idée ! je ne m'offenfe
point de pareille chofe , fi l'on
relevoit toutes les déclarations,
il faudroit s'enfevelir dans un
defert , renoncer à vivre avec
le genre humain : c'eft un ufage
reçu, on dit qu'on aime , on le
jure , cela devient ce que cela
peut : une femme eft tous les
jours expofée à pareille chofe ,

mais bien simple qui s'y fieroit :
je l'interrompis pour mettre en
ufage tous les fermens, toutes
les proteftations, tous les lieux
communs de nos Héros galans,
dont j'avois un magafin tout
fait : ah ! dit-elle, point de
fermens, ils m'affomment, ils
m'excédent ; vous ne voulez
pas fans doute me prendre de
furprife, ce feroit une idée ex-
travagante, allons, me dit-elle,
en me préfentant la main, allons dîner, je veux avoir du re-
pit, pour faire mes réflexions &
mes arrangemens : que fçais-je,
peut-être après tout que je ferai
encore affez folle pour vous croire, & que vous y gagnerez plus
que vous n'y perdrez.

Nous fûmes dîner, & je la
vis s'armer d'une phifionomie
différente de celle que je venois
de lui voir, & qui m'avoit tant
plû ; il ne fut queftion pendant

le repas que de choſes indiffé-
rentes : il eſt vrai que nos yeux
alloient leur train , mais c'étoit
un langage qui n'étoit que pour
eux , & qui étoit indéchifrable
pour les gens dont nous avions
à nous garantir. Après le dîner
nous retournâmes dans ſa chambre , & je vis pour la ſeconde
fois ſon viſage animé de cette
volupté enchantereſſe , qui faiſoit ſeule mon bonheur ; la converſation recommença , & on
ſent bien que ce fut ſur le même
texte, on ſe ſentoit une ſympa-
thie naturelle pour moi , ma figure , mes yeux , ma façon de
dire les choſes , tout plaiſoit :
mais que de ménagemens n'a-
voit-on pas à garder ! que n'a-
voit-on pas à craindre de la
bruſquerie , de l'indiſcretion ,
en un mot de mille défauts attachés à mon âge ! cependant on
ſentoit bien que ſi on avoit à ſe

permettre une unique foibleſſe, & à ſuccomber une fois en ſa vie, ce ſeroit avec quelqu'un qui le méritoit ſi bien: jugez de l'effet que de pareils diſcours devoient faire ſur un homme qui s'étoit toujours piqué de n'être jamais ingrat; je ne fus plus maître en ce moment de modérer les tranſports de ma reconnoiſſance: non, belle Ducheſſe, repris-je, en la ſerrant dans mes bras avec ardeur, non, vous ne vous repentirez point de ce qu'un heureux penchant vous fait faire en ma faveur; heureux Abbé! par où pourras-tu mériter ni payer un ſi précieux don : en parlant ainſi, je l'avois priſe dans mes bras, bien réſolu de ne pas m'en tenir ſtérilement aux diſcours & aux froides proteſtations, j'imprimois des baiſers brûlans ſur ſa bouche qu'elle me rendoit en femme intelligente, & qui ſçait ſon monde, la gorge étoit devenue ma

proye , une épingle qui étoit venue à fauter ,l'avoit livrée toute entiere à l'avidité de mes regards & de mes mains : toute cette fcêne fe paffoit debout devant une cheminée , je fentis le quart-d'heure décifif, la Ducheffe ne me réfiftoit plus , je n'entendois que quelques foupirs entrecoupés , préfages certains d'une prochaine défaite : je craignis que la réflexion n'allongeât la comédie , j'étois preffé de la dénouer , je la portai avec rapidité fur un lit de repos , & je m'y précipitai avec elle.

A peine eus-je pris poffeffion d'une place , que je me mis en devoir de mettre la derniere main à mon bonheur : mais, s'écria-t-elle , par exemple ce que vous faites-là eft d'une extravagance ! . . . y fongez-vous ! que fignifient ces façons-là ?.. eft-ce qu'on manque à ce point-là à des

femmes comme moi : en vérité,
il faudra renoncer à vous voir....
ah finissez-donc ..... vous êtes
d'une imprudence .... oh effectivement ! ..... cela est bien
conduit .... mes femmes n'auroient qu'à rentrer .... je n'ai,
d'ailleurs, point fait fermer ma
porte.... mon Suisse est ivre....
il laissera entrer tout l'univers...
pendant ce respectable monolo-
gue, je ne perdois pas un moment de tems, & j'étois bien
résolu de n'en point perdre, je
m'étois emparé d'elle de façon à
n'être point arrêté même en cas
de résistance, je la tenois ren-
versée sous moi, & j'étois parvenu pendant tous ces propos
à la deshabiller presqu'entierement : enfin j'en vins à la conclusion décisive de tout ce que
je desirois : ah Monsieur, me
dit-elle, dès qu'elle sentit ma
première tentative, ah finissez

de grace .... vous me tuez....
vous m'étouffez ..... ah jufte
ciel?... vous êtes monftrueux....
ah cela eft déteftable.... effectivement..... je n'aurois qu'à m'y
prêter.... vous n'avez pas comp-
té fans doute que j'aurois cette
complaifance..... Monfieur.....
je vous le dis pour la derniere
fois .... vous me bleffez que
c'eft quelque chofe d'affreux.....
j'arrivois pendant ce tems-là,
& je n'avois point le bonheur
de m'appercevoir de ce qui cau-
foit tant de fanglots, lorfqu'un
maudit coup de fifflet qui fe fit
entendre dans la cour, m'obligea de m'arrêter au milieu de
ma courfe, & de me retirer
avec précipitation, la Ducheffe
fuivit mon exemple, ce qu'il y eut
de plaifant, c'eft que chacun de
nous deux s'employa à reparer du
mieux qu'il put les defordres de
fon ajuftement, fans qu'il nous

échappa une feule parole : enfin on annonça une vifite , & je m'éclipfois felon l'ufage , fans prendre congé , lorfque la Ducheffe courant après moi jufques dans l'antichambre avec une liberté d'efprit que je ne pouvois me laffer d'admirer , vous vous fauvez, Monfieur l'Abbé medit-elle , mais pourquoi , j'ai mille chofes à vous dire , & notre procès ? quand finirons-nous ? venez fouper avec moi après-demain.... attendez.... oui..... après-demain . . . . . je ferai li-bre , & nous cauferons de cela , j'irai à l'opéra en petite loge,car j'imagine que je ferai malade à mourir , vous viendrez m'y join-dre , & je vous remenerai .... viendrez - vous ? je fuis trop bonne ajouta-elle , en s'appro-chant de mon oreille , je ne de-vrois pas oublier fi aifément tou-tes vos folies, mais en tout cas ,

je

je fçaurai bien vous ranger à votre devoir ; je l'affurai en la regardant fixement , que j'efpérois le remplir mieux , & qu'elle n'auroit plus de femblables reproches à me faire , allez, me dit-elle , vous êtes un traître , & je vous veux un mal affreux de toutes vos efpiégleries ; je pris congé d'elle, en lui renouvellant les affurances de mon exactitude , & très-réfolu de ne pas lui donner fujet de s'en plaindre.

Il ne me fut pas difficile dans les deux jours qui precederent notre rendez-vous , de me procurer des lumieres fur le compte de la Ducheffe, qui ne fervirent pas peu a diminuer l'opinion que j'avois de ma bonne fortune & du pouvoir de mes charmes : on me fournit une longue chronologie de mes prédéceffeurs en titre, fans compter les paffades &

les coups fourrés , & on m'affura
très-pofitivement que je ne ferois pas le dernier en charge ;
mais que m'importoit après tout
cet éclairciffement , jamais pareille chofe a-t-elle arrêté un
homme fenfé , & lui a-t-elle em-
pêché d'entamer une affaire avec
une femme , qui d'ailleurs a tout
ce qui peut lui convenir ; la Ducheffe étoit merveilleufe pour ce
que j'en voulois faire , & je me
gardai bien de perdre des momens fi agréables , par la fottife
d'un miférable préjugé ; je me
trouvai exactement à l'Opéra à la
porte de fa loge , comme nous
en étions convenus : elle fit un
cri de joie en me voyant , ah !
vous voilà , vous êtes charmant
d'être exact , je vous attendois,
l'Opéra m'excéde : mais à propos , nous ne fouperons point
chez-moi , nous avons à parler
de chofes ferieufes , j'ai imaginé

que pour être plus a nous , il
feroit mieux de fouper à ma petite maifon , elle eft délicieufe ,
je ferai charmé que vous la
voyez , en même-tems elle fe le-
va & me prefenta la main , je la
conduifis à fon caroffe , nous y
montâmes , après que j'eus ren-
voyé le mien & nous partîmes.

Nous arrivâmes à fa petite
maifon qui étoit fituée au Faux-
bourg St . . . . je connus qu'elle
n'avoit point exageré dans ce
qu'elle m'en avoit dit , elle étoit
charmante , & j'en ai peu vû depuis d'auffi voluptueufes , toutes
les piéces étoient petites , mais
entendues & diftribuées avec la
derniere intelligence , meubles
charmans , moins fomptueux
que commodes , glaces , peintures admirables , un jardin peigné
avec un foin extrême , & pas
une feule vue , fur la maifon ni
fur le jardin , nous entrâmes

dans une piéce, ou tout invitoit à la volupté & à la molleſſe, la ſaiſon n'étoit point encore aſſez belle pour profiter des beautés du dehors, mais je ne pouvois me laſſer d'admirer celles du dedans : je ne voyois que ſophas, que ducheſſes, que bergeres, que chaiſes longues, avec un nombre infini de couſſins : les peintures les plus ſenſuelles ornoient ce réduit charmant : enfin tout ne reſpiroit que l'amour & le plaiſir dans ce lieu dangereux : ces objets auxquels je n'étois point encore accoutumé portoient une émotion dans tous mes ſens, qu'il étoit aiſé de remarquer, hé bien, dit la Ducheſſe, après que nous fûmes placés, que dites vous de mon aſyle, ne le trouvez-vous pas aſſez agréable, & ne vous inſpire-t'il point l'envie de la retraite ? ah ! Madame lui repondis-je en la re-

gardant avec tendreſſe , à quoi
me ſerviroit-il de vous dire tout
ce que ce lieu m'inſpire ! vous le
condamneriez ſans doute , & la
façon dont vous avés reçu. . . . .
Ah ! vous allés recommencer
vos folies , s'écria la Ducheſſe ,
tenez je ſuis ce ſoir d'une humeur terrible , nous nous brouil-
lerons inévitablement , vous
allez ſans doute vouloir des
choſes , dit-elle , en tâchant de
rougir , & en portant la main
devant ſon viſage pour m'empêcher de voir que malgré ſes
efforts elle ne rougiſſoit point ;
moi, Madame, repris-je, du ton
le plus tragique qu'il me fut poſſible de prendre , le Ciel me
préſerve d'attenter à une vertu
dont je n'ai que de trop cruelles
preuves , je prévois le mépris
outrageant dont vous payerez
toujours la flamme la plus pure
qui fut jamais, le déſeſpoir eſt la

feule reffource qui refte à un malheureux . . . mais qu'eft-ce que c'eft que cette folie , interrompit la Ducheffe, avec dépit, ne voilà-t-il pas le caprice le plus outré & le plus inoüi ! oh , Monfieur, en vérité quand on a de l humeur , il faut la garder pour foi , & ne point faire des forties aux gens à propos de toutes les vifions qui occupent votre petite cervelle , effectivement , rien n'eft fi délicieux. que cette querelle que j'effuie : Monfieur me fait la grace de me dire qu'il maime , j'ofe prendre la liberté d'en douter , il infifte , & dans la minute , me traite comme une femme notée , comme une femme à affaires , à paffades, en un mot comme une femme fans mœurs , & de mauvaife compagnie : il entreprend des chofes, premiérement indécentes & révoltantes , outre cela abfurdes , impossibles , ou du moins inoüies pour moi jusqu'à présent, & parce qu'on résiste en femme raisonnable , qu'on ne se rend point au premier choc , qu'on veut se voir, se parler , prendre des arrangemens, en un mot traiter comme gens sensés, Monsieur est rebuté, désesperé, prêt à se pendre , donne enfin dans les travers les plus déplacés , oh ! pour ça . . . mais dites moi donc l'Abbé , en vérité vous êtes un étrange homme, qui avez-vous donc vû ? qu'elles étoient vos connoissances ? vos liaisons ? vos maisons? car en conscience , on ne peut pas croire que vous ayez vécu en bonne compagnie ; je riois dans ma barbe pendant toutes cette excellente parade, ne me demandez point qui j'ai vû, Madame, repris-je, en poussant la scelerateße jusqu'à répandre des larmes, vous me faites tout oublier, tout diſparoît devant vous : cette idée enchantereſſe fera ſeule le bonheur & le malheur de ma vie : ce n'eſt pas , pourſuivis-je d'un ton pénétré , en m'approchant d'elle , & la prenant dans mes bras que je me ſente digne du prix ou j'avois oſé aſpirer , mais continuai-je, en prenant des baiſers enflammés ſur ſa bouche & ſur ſa gorge , je ne puis me refuſer la derniere ſatisfaction de vous dire que peut-être un jour vous regretterez un amant tendre & paſſionné , qui peut-être, hélas, étoit digne de vous par la vérité de ſes ſentimens ; la Comédie que nous jouions tous deux , m'amuſoit trop , pour l'interrompre ſi-tôt , & j'avois réſolu de laiſſer à la Du-cheſſe la ſatisfaction de la pouſ-ſer juſqu'au bout : ah ! quels plai-ſirs j'aurois goûté avec vous ,

m'écriai-je , en la renverſant
ſur une bergere , & prenant
avec elle les plus grandes liber-
tés : mais non , ajoûtai-je , votre cruauté vous dérobe tous ces
plaiſirs , pour vous laiſſer la ſatisfaction ſtérile de déſeſpérer
un amant qui vous adore ; je
ne quittois point priſe en parlant ainſi , j'avois écarté tout
ce qui pouvoit me nuire dans
l'habillement de la Ducheſſe,
encore. . . . . ah ! finiſſez , s'é-
criat-t-elle , lorſqu'elle ſentit
que j'en venois au même point
où j'en étois demeuré la derniere fois , quelle conduite... vous
êtes un ſingulier homme. . . .
vous querellez les gens . . . .
vous les trouvez injuſtes. . . .
déraiſonnables . . . & enſuite
vous voulez .. ah ! Monſieur . . .
qu'eſt-ce que c'eſt que ces façons-là.. juſte ciel ! ... je vous le
répete aujourd'hui . . . . cela ne

fera point . . voyons un peu . .
ah Dieux ! . . c'eſt un monſtre . .
cela eſt inoui . . . ſans exemple . . . incroyable . . . vous
vous figurez bien que je ne puis
accepter . . . (notez que j'allois
toujours mon train) mais quelle
idée . . . vous voyez bien vous-
même que cela n'eſt pas propo-
ſable . . . ah ! . . tant mieux . . .
je vous l'avois bien dit . . . vous
êtes d'une opiniâtreté . . . . ah
ciel ! Monſieur... je ſuis morte..
vous me . . . elle n'en dit pas
davantage : j'avois réculé tant
que j'avois pû , pour entendre
tous ſes lazzis qui m'amuſoient
infiniment , mais enfin il faut
une fin à tout , & je fus obligé
d'y venir , j'achevai donc ſans
m'appercevoir même de tous les
obſtacles dont on vouloit bien
me faire honneur ; je ſuis né
modeſte , & par conſéquent
ennemi des louanges déplacées.

ainſi je dois convenirque j'ai
entrepris en ma vie peu de choſes plus aiſées : mais j'avouerai
auſſi que dès que les ſimagrées
n'eurent plus lieu , & que
nous nous trouvâmes dans une
complette jouiſſance , jamais je
n'ai connu de femmes qui ſçut
mieux l'aſſaiſonner , tant par
mille noms & mille diſcours
tendres qu'elle m'adreſſoit dans
le fort du plaiſir , que par une
infinité de bonds , de mouvemens & de careſſes charmantes
qui m'ennivroient d'une volupté indicible.

On ſent bien qu'après le premier acte , je n'eus plus rien de
fâcheux à eſſuyer , elle eut ſon
petit quart-d'heure de honte &
de bouderie , comme ont toute les femmes en pareil cas,
mais qui fut bien-tôt terminé &
réparé,par mille agrémens que
lui fourniſſoient l'eſprit & l'u-

sage du monde qu'elle possédoit supérieurement ; je me compor- tai pendant cette nuit, de façon à donner de moi une idée fort avantageuse, & je dois avouer que je goûtai mille charmes dans ses embrassemens & dans sa conversation : elle avoit un air de vérité & de passion, qui m'en auroit imposé, si je n'avois pas été si exactement informé sur son compte, elle paroissoit m'adorer, me respecter même, ce qui étoit admirable, vû le motif : enfin nous prîmes des arrangemens pour nous voir tous les jours, elle ne me quitta qu'avec toutes les apparences de la douleur d'une Héroïne d'O- péra : elle me fit promettre cent fois de la revoir le soir, car il étoit cinq heures du matin, & je la quittai enchanté d'elle, ne croyant pas un mot de sa pas- sion, mais très-content de ses

charmes,

charmes, & très-déterminé à
en faire le plus d'usage qu'il me
seroit possible.

Je lui tins exactement parole,
& elle eut l'art de me faire
paroître sa jouïssance toujours
nouvelle & aussi piquante que la
premiere fois : enfin je dois
avouer que pendant tout le tems
que dura notre commerce, si
mon cœur ne fut pas affecté jusques à un certain point, du
moins je goûtai mille charmes,
par les agrémens infinis de son
esprit, qui lui fournissoit à tous
momens mille nouvelles res-
sources ; mais enfin j'étois son
amant déclaré, j'en devois
l'hommage au Public, il ne falloit pas esperer, en appartenant
à une femme de ce genre, de
pouvoir dérober une affaire, &
la cacher à tout le monde ; j'a-
vois mille regards arrêtés sur
moi, j'étois félicité, compli-

menté, brocardé, éclairci de mille fcênes défagréables arrivées à mes prédéceffeurs & follicité de me dérober à tous les ridicules que j'affectois de réunir fur moi : mon âge, ma robe, la néceffité indifpenfable d'avoir quelqu'un, & de fe faire une réputation, ne me fauvoient d'aucune des mauvaifes plaifanteries dont j'étois inceffamment accueilli ; cependant je tenois bon, je bravois l'orage, les dits & les redits, les couplets, les avis charitables, & ma fermeté ne laiffoit pas que d'exciter une certaine admiration parmi mes envieux, lorfqu'un coup imprévu, quoiqu'il fût extrêmement fimple, vint m'attérer, & mettre fin à la plus abfurde, la plus incroyable, & la plus ridicule paffion que j'aye reffenti de ma vie.

Mes procedés foutenus avec

la Ducheſſe , m'avoient acquis auprès d'elle une conſidération qui m'avoit mené à une autorité aſſez décidée , j'avois de dou- bles clefs de la petite maiſon , j'y commandois en maître , & il ne s'y paſſoit rien , au moins à ce que je croyois, dont je ne fus fus participant : j'imaginois être informé de tout les voyages que la Ducheſſe y faiſoit , cependant un véritable ami qui s'étoit pro- mis de me guérir d'un entête- tement ſi déplacé , m'aſſura ſi poſitivement du contraire , & me preſſa ſi fort de m'en éclair- cir , que je commençai à conce- voir quelques doutes, ſur certai- nes abſences de la Ducheſſe , ſur certaines ſoirées dont j'ignorois la deſtination , ce qui n'étoit pas naturel à un homme en fon- ction : enfin nous réſolumes de l'épier ; l'occaſion ne tarda pas à s'en offrir : deux jours après

je fus le foir à mon heure accoutumée chez la Duchesse, on me
dit qu'elle étoit au lit avec une
migraine furieuse, qu'elle re-
posoit, qu'elle étoit désespérée
d'être privée de me voir, qu'elle
me prioit de passer le lendemain dans la matinée, parce
qn'elle avoit bien des choses à
me dire : je sentis le croc en jambe, je jugeai la bale dans l'inftant, & sans perdre de temps,
je fus chercher mon ami, qui
charmé de l'occasion qui se pré-
sentoit, ne se fit pas prier pour
m'accompaguer à la petite maison ; nous y arrivâmes sans bruit,
& les clefs que je possedois, servi-
rent à nous introduire sans le fecours de personne, nous parvînmes sans obstacle jusqu'à une
antichambre qui touchoit à la
piece où on se tenoit ordinaite-
ment, nous nous approchâmes
sans bruit de la porte, où nous

ne tardâmes pas à entendre des
foupirs, des mots entrecoupés,
& de certains termes, qui défi-
gnoient affez la façon dont on
tuoit le temps ; j'entrai brufquement : qu'on juge de notre furprife, de nos mouvemens & de
nos attitudes ; la Ducheffe étoit
renverfée à demi nue fur un lit
de repos entre les bras d'un
grand laquais que nous con-
noiffions, mais dont nous n'au-
rions pas autrement foupçonné
l'emploi ; leurs actions & leur état
étoient fi peu équivoques, qu'il
n'y avoit pas moyen de s'en dé-
dire ; mon premier mouvement
fut, je l'avoue, tout ce que la
colere peut infpirer de plus violent, & ce miférable, qui, pour
le dire en paffant, étoit un grand
drôle d'une affez jolie figure,
fut fi épouvanté de ce qu'il s'imaginoit être prêt à fondre fur lui,
que fans fonger à reparer fon

défordre, qui d'ailleurs ne pouvoit que lui faire honneur, il
n'héfita point à fauter brufquement d'un balcon dans le jardin, dont il lui fut aifé d'efcala-
der dans la rue, & de prendre
la fuite ; dans mon premier accès de fureur, je donnai fur fon
arriere garde, & je le regalai de
quelques coups de canne : mais
un moment après, fongeant qu'u-
ne femblable colere pouvoit me
faire tort dans les efprits mal-
faits, je me laiffai aller à un
éclat de rire fi peu menagé, que
ce fut pour elle le comble de l'in-
fulte : hé bien, Monfieur, me
dit–elle, à quoi aboutit toute
cette fcene ? ne fçauroit-on être
la Maîtreffe chez foi ? que figni-
fie cette autorité ? . . . . . cela eft
fort fingulier . . . . Je vis bien
que la pauvre femme s'embarraf-
foit malgré la fupériorité de fon
effronterie ; ainfi pour abreger

la converſation , mon ami &
moi , nous la rejettâmes ſur le
lit d'où elle s'étoit levée , & là,
lui demandant toûjours un mil-
lion d'excuſes , d'être venu la
déranger , nous la traitâmes un
peu plus mal que la derniere des
créatures , c'eſt-à-dire , qu'elle nous ſervit à tous deux de
jouet & de paſſe-temps , & que
nous fîmes tout , à l'exception
de ce qui ſeul auroit pû ſans
doute l'apaiſer ; elle voulut prendre un air de dignité , menacer,
employer des lieux communs :
*une femme comme moi... qui tient
à tout ce qu'il y a de mieux.....,*
nous ne lui répondîmes qu'en
caſſant par diſtraction quelques
garnitures de cheminée , quelques glaces , & autres colifichets
ſemblables , & nous ſortîmes en
l'aſſurant très-reſpectueuſement
de nos obéiſſances , & du ſoin
que nous prendrions , que perſonne n'ignorât le motif & le

mérite de ses retraites.

Cependant je n'étois pas aussi maître de mon dépit que j'avois réussi à me le persuader, & les premiers jours qui suivirent cette découverte, mon occupation unique fut de démasquer cette méprisable femme dans tous les coins de Paris, & de faire d'elle un portrait si hideux, que j'étois bien sûr que l'homme du monde le plus oberé & le plus en discrédit seroit tout-à-fait degoûté d'en tater ; je ne scai même quelles bornes j'aurois mis à mon ressentiment, lorsqu'une avanture imprévue vînt anéantir tous mes projets de vengeance, & m'ouvrir les yeux sur les ridicules dont je m'étois couvert, en courant après le titre imposant d'Abbé à la mode : dès ce moment plus de ressentiment contre la duchesse, plus de désir de la remplacer par une autre du même genre, enfin me

voici au point fatal de ma con-
verfion , cher Marquis , il faut
au rifque de vous ennuyer , prendre un ton plus férieux , & plus
grave , pour entrer dans le détail d'une paffion véritable , lé-
gitime , & qùi contre toutes fortes d'apparences , va faire dans
peu tout le bonheur de ma vie.

Je fus un jour invité par mon
oncle , que je n'avois point ceffé
de cultiver , à affifter à une prife
d'habit dans une Abbaye , dont
l'Abbeffe étoit alliée à notre
Maifon , je ne fçai quel preffen-
timent me fit recevoir cet offre
avec un treffaillement qui fembloit être l'avant-coureur de
tous les événemens qui alloient
en prendre leur fource ; j'accep-
tai cependant , & je me rendis
chez mon oncle à l'heure mar-
quée : nous ne tardâmes point à
prendre le chemin de l'Abbaye ,
où nous trouvâmes compagnie

nombreufe , & en apparence fort difpofée à la joie , par un effet de cette inconféquence humaine , qui fait une efpéce de partie de plaifir , du facrifice d'une miférable victime , de la vûë de quelqu'un qu'on enterre tout vif, en un mot d'un fpectacle qui naturellement devroit communiquer les idées les plus triftes & les plus lugubres ; je regardois tous ces objets avec un air diftrait & inattentif, mais ces mouvemens indifférens ne tarderent pas à faire place à tout ce qui leur eft le plus oppofé, à la vûë de la jeune perfonne pour qui étoit faite la cérémonie : Dieux que d'attraits ! quel affemblage de tout ce que la nature forma jamais de plus touchant & de plus rare ! une taille divine, un port de Reine, un tour de vifage parfait , des yeux.....! ah ! des yeux d'une

beauté… enfin, cher Marquis,
je fus atterré, je demeurai im-
mobile, extafié, perdu d'étonnement & d'amour, oui, d'amour,
quoi qu'en difent mes fpirituels
confreres, quoi qu'en difent tous
les petits maîtres, quoique j'eneuf-
fe dit moi-même jufqu'à ce jour,
il eft des coups de fympathie, il
eft de ces rapports frappans de figures & d'organes, qui excitent,
& cela dans la minute, un renverfement total dans la machi-
ne, qui ne tarde pas à le communiquer au cœur, & à changer la façon de penfer du petit-
maître le plus déterminé : cela
eft incroyable, incompréhenfi-
ble, même fi l'on veut, mais
cela n'en eft pas moins vrai,
j'en fuis un tetrible exemple,
moi qui parle, jamais perfonne
n'avoit pouffé l'intrépidité plus
loin en ce genre, je croyois
fort peu à la probité des hom-

mes, & point du tout à la vertu des femmes : de-là la source
de mon mépris & de mon peu
de confiance & d'estime pour
tous deux ; quelque idée qu'on
se forme du changement de ma
façon de penser sur un aveu si
formel & si peu déguisé de mon
intérieur , je me livre avec une
profonde indifference aux remarques & aux jugemens , &
j'avoue avec la même sincérité ,
dont j'ai fait profession jusques
ici , que j'éprouvai des mouvemens intérieurs , inconnus &
indéfinissables pour moi jusqu'a-
lors ; je tombai bientôt dans la
rêverie la plus profonde , & je
n'en sortis qu'à la conclusion
d'une cérémonie funeste qui me
perça le cœur : à l'instant fatal
ou la malheureuse victime fut
dépouillée de sa riche parure ,
pour être couverte d'un habillement sombre & lugubre , à l'instant

ſtant où trois ou trois ou quatre vieilles harpies voilées lui déclarerent qu’il falloit renoncer au monde & à ſes pompes, en un mot où elles prononcerent tout ce miſerable protocole de ſottiſes, par lequel la jeuneſſe inconſidérée s’engage ſans connoiſſance, à ce qu’il n’eſt pas dans l’eſprit humain de tenir, je ſortis comme du fond d’un tombeau, je la fixois depuis le commencement de la ſcêne : Ciel ! que devins - je ! que reſſentis - je ! lorſque je la vis trembler, pâlir, & verſer quelque larmes qu’elle faiſoit mille efforts pour retenir: un friſſon mortel courut dans mes veines, mes genoux ſe déroberent ſous moi, enfin ſentant que je n’étois plus maître de mon trouble ni de mes larmes, je ſortis ſous le prétexte d’un ſaignement de nez, mais

P

en effet, suffoqué de douleur &
de defefpoir, & je me retirai dans
un endroit écarté, pour donner
un libre cours à des pleurs qui
coulerent en abondance.

Cependant la maudite cérémonie s'acheva, & ces déteſta-
bles furies s'emparerent de leur
proye : mes larmes m'avoient un
peu foulagé, & je reparus devant la compagnie avec un air
plus tranquille : il ne me fut pas
difficile de donner une couleur
fpécieufe à mon abfence, lorfqu'on n'avoit pasla moindre idée
de ce qui l'avoit occafionnée.
Nous revinmes à Paris, & j'af-
fectai devant mon Oncle un air
gai & diffipé : je lui demandai
comme par maniere de converf-
fation quelle étoit la Demoi-
felle qui avoit pris le voile
blanc, c'eft, me répondit mon
Oncle avec un air indigné, un
des exemples les plus criants

de l'injuſtice des parens , & de leur prévention aveugle pour certains enfans ; la perſonne que vous venez de voir eſt Mademoiſelle de P. . . . fille de la Marquiſe de ce nom , & bien digne aſſurément d'un autre fort par les rares avantages de ſon eſprit , de ſon cœur & de ſa figure ; née de parens riches, àvec tout ce qu'il falloit pour ſe faire adorer d'eux , elle a toujours été l'objet de leur haine & de leurs mauvais traitemens : un penchant aveugle , une prévention outrée pour leur fille aînée , eſt en partie la ſource de cette odieuſe conduite ; celle-ci jalouſe de toutes les qualités qui brilloient en ſa ſœur, avoit pour elle les façons les plus dures & les plus mépriſantes , autoriſée par ſes parens, elle l'a accablée de mauvais procedés , & elle a enfin obtenu, il y a environ un

an, que sa cadette seroit confi-
née dans un Couvent ; la malheureuse Honorine s'est soumise
à tout avec une douceur qui ne
s'est jamais démentie, elle a été
mise à l'Abbaye d'où nous ve-
nons, & recommandée à Me. de
Va. . . notre Cousine, qui en est
l'Abbesse ; je ne sçaurois vous
rendre tous les éloges qu'on m'a
fait dans la maison de sa vertu
& de sa douceur ; enfin il y a
quelques mois que M. le Prési-
dent de S. . a demandé sa sœur
aînée pour son fils unique, qui
sera puissamment riche, & les parens par une politique & un usage
aussi barbare que condamnable,
pour rendre leur fille aînée un
parti plus avantageux , ont fait
entendre à l'infortunée Honorine qu'il falloit nécessairement
qu'elle renonçât au monde pour
toujours ; sa douceur, son obéïs-
sance ne se sont point démen-

ties, elle a confenti à tout, & à
foutenu cette terrible épreuve
avec une fermeté qui a fait couler mes larmes, & qui en a arra-
ché à tous ceux qui affiftoient
à la cérémonie.

J'étois fi éloigné de me refu-
fer à un attendriffement fi jufte
& fi mérité, que mes pleurs n'a-
voient point ceffé de couler depuis le commencement du récit
de mon oncle : heureufement la
nuit étoit tombée, & l'obfcurité
qui régnoit dans le caroffe, em-
pêcha qu'il ne s'apperçut de ce
que j'avois tant d'intérêt de cacher : nous arrivâmes à Paris,
& il me remit chez-moi, où je
n'eus rien de plus preffé que de
me retirer dans mon appartement, pour me livrer au chagrin
mortel qui me dévoroit ; que de
réflexions ameres ne fis-je pas !
lorfque je fus rendu à moi-même, que de regrets affreux ! que

de projets détruits auſſi-tôt que formés ! quel cahos d'idées déſeſpérántes ! quel terrible avenir ! car enfin , qu'on donne le nom qu'on voudra à mes tranſ-ports, j'aimois, que dis-je, j'étois forcené de paſſion , de rage & de déſeſpoir , & je paſſai quelques jours dans un état auſſi terrible , ſans qu'il me fut poſſible de prendre aſſez ſur moi pour mettre plus d'ordre dans tout ce qui occupoit mon imagination ; j'appris cependant que le mariage de l'aînée devoit ſe conclure dès le lendemain , mon oncle, qui par notre viſite à l'Abbaye , avoit formé quelques liaiſons avec la famille de P..... fut prié de donner la bénédiction nuptiale aux futurs époux , il ne pouvoit honnêtement refuſer , & il m'envoya propoſer de l'accompagner à cette cérémonie, je m'excuſai ſous le prétexte d'une indifposition , mais en effet , outré de douleur & de rage contre cette cruelle famille; les nôces fe firent avec beaucoup d'éclat , je ne pus éviter de me faire écrire à leur porte, mais je me difpenfai de les voir , & je reftai près de trois mois enfeveli dans mon appartement , oubliant tout le genre humain , & abfolument indifférent fur tout ce qui fe paffoit autour de moi.

Je fus retiré de ma léthargie par une cataftrophe terrible qui qui me prouva, que, à quoi que ce foit qu'on veuille attribuer un ordre fupérieur d'évenemens , toujours eft-il certain que l'injuftice & la perverfité portée à un certain degré, annonce fûrement un châtiment prochain & un renverfement inévitable ; la nouvelle mariée qui portoit le nom de Préfidente de S. . . . .

au milieu du luxe, de la splen-
deur & des richesses, qui sembloient lui promettre la carriere la plus heureuse & la plus
brillante, fit une chûte qui lui
coûta la vie deux jours après,
son pere & sa mere accablés de
ce funeste coup, & en proye au
plus terrible désespoir, la suivirent à huit jours l'un de l'autre, de sorte qu'en moins de
quinze jours, l'adorable Honorine se vit retirée du Couvent,
jouissant d'un bien immense, &
maîtresse de ses volontés, sous la
tutele du Comte de P.... frere
de son pere, qui l'avoit toujours
aimée tendrement, & qui ennemi des violences qu'on avoit
exercées jusques alors contre la
malheureuse niéce, se fit une
loi de réparer tout ce qu'elle
avoit essuyé, en lui préparant l'a-
venir le plus heureux; des chan-
gemens si subits, si inespérés,

me firent fortir comme d'un pro-
fond fommeil, fans fçavoir pré-
cifément ce que je gagnois à
tout cela, un rayon d'efpérance s'offrit à mon cœur, je re-
gardai même comme un heu-
reux préfage pour moi, de ce
que le Comte de P. . . . avoit
été toujours intime ami de notre maifon ; enfin que vous di-
rai-je, cher Marquis, je reparus, je me fis écrire chez l'oncle d'Honorine en vifite de cérémonie, & je ne tardai pas à
faire naître l'occafion d'y accompagner mon oncle qui les voyoit
fouvent : je revis donc M.lle de
P...Dieux ! quels tranfports n'é-
prouvai-je pas à une vue fi chere, j'étois tremblant & éper-
du, mon embarras alloit jufques à m'ôter la liberté de m'exprimer, & elle dût comprendre
fort peu de chofe au compliment
que je lui adreffai ; j'ofai cepen-

dant la fixer, elle baissa les yeux, & je crus m'appercevoir qu'elle rougissoit beaucoup, elle parut fort embarrassée pendant tout le temps que dura ma visite, & il me fut aisé de remarquer que le même embarras subsistoit & augmentoit chaquefois que je la voyois : pour moi dans la liberté que me procuroit un commerce qui dura quelque mois, je découvris tant de qualités adorables dans le cœur & dans l'esprit d'Honorine, que mon amour parvint à un excès capable de produire les plus grandes extrémités : je sentois que je ne pouvois vivre sans la posséder, je voyois des obstacles terribles, impossibles même à lever, je concevois qu'avec un bien si considérable, & tant de vertus dignes de l'adoration de l'univers entier, il n'étoit pas possible, que tous les partis les plus distingués ne s'offriffent à l'envie, ces idées accablantes produifirent en peu de temps un changement vifible dans tout mon extérieur : je devins rêveur, fombre, au point d'en être méconnoiffable, le Comte de P. . . . qui avoit pris une amitié extrême pour moi, m'avoit prié plufieurs fois inflamment de lui ouvrir mon cœur, m'offrant tout ce qui dépendoît de lui, à l'exception de ce qui feul auroit pû me foulager. Honorine étoit quelquefois prefente, je ne répondois aux queftions de l'oncle, qu'en portant fur la niéce des regards où mon amour & mon défefpoir n'étoient peints que trop vifiblement : il me fembloit quelle y étoit fenfible, je voyois fes beaux yeux attendris, & prêts à répandre des larmes : deux ou trois fois même au milieu de ces converfations, elle étoit fortie

brusquement, elle étoit quelque
fois une heure entiere sans paroître, & quand elle rentroit on
voyoit malgré elle sur son visage toutes les marques de la
consternation & de l'abbate-
ment : que n'aurois-je pas pû
présumer de toutes ces choses,
mais j'amois véritablement , &
par conséquent je n'avois ni vanité, ni confiance : & en sup-
posant même que je lui eusse
soupçonné une inclination se-
crette pour moi, comment avec
l'habit que je portois, & les vûes
que ma famille avoit sur moi,
osé entreprendre d'attaquer, & ·
de séduire , une fille respectable encore d'avantage par ses
vertus que par sa naissance, je
n'avois pas le cœur assés cor-
rompu, pour ne pas sentir l'hor-
reur , & la bassesse d'un pareil
procédé, le désespoir étoit donc
le seul sentiment auquel je pouvois

vois me livrer, & je ne sçai à quel affreuse extrémité l'excès d'une passion malheureuse & sans espoir auroit pû me porter, lorsque j'apris que mon frere aîné à qui la Cour avoit accordé une Compagnie de Cavalerie dans le Régiment de . . . avoit été tué à l'affaire de Lawfeld : un excès d'honneur & de bravoure avoit causé sa perte, il venoit d'obtenir l'agrément du Régiment de... il avoit reçu sa commission la veille de l'affaire, & sa délicatesse ne lui avoit pas permis de quitter dans un moment si critique ; les avantages infinis qui me revenoient de cette perte, ne furent pas capables de m'en consoler : je perdois en lui le frere le plus tendre, & l'ami le plus parfait, il fut regretté généralement, comme un excellent sujet, & qui auroit fait un jour un grand Officier ; on

Q

sent bien que cette mort fit changer ma situation , le petit collet
fût réformé , & je devins l'unique héritier de ma maison, on
me parla même bientôt de mariage , je ne demandois pas
mieux , je saisis cette occasion
pour instruire mon oncle de
mon secret , il me loua beaucoup de mon choix , & se char-
gea de pressentir le Comte de
P... dont il étoit l'ami intime :
sa proposition fut reçue avec
joye , & peu de jours après je
fus présenté à Mademoiselle de
P... comme quelqu'un qui devoit être son époux ; elle me
reçut en rougissant , mais je ne
vis dans ses yeux ni colère ni
indifférence, j'eus aisément l'occasion de l'entretenir sans témoins , & ce fut alors que cette
vertueuse fille se croyant assés
autorisée par l'aveu du Comte,
me confessa ingénûment que

ſon inclination avoit ſuivi de près ce quelle avoit remarqué de la mienne, & que le peu d'apparence qu'elle avoit vû au ſuccès de ſes vœux, lui avoit couté autant de larmes qu'à moi ; Dieux! quel plaiſir ! qu'elle volupté ! je goûtai dans un aveu ſi charmant: les gens qui ont véritablement aimé peuvent ſeuls ſe le repréſenter , je n'ai pas perdu un moment pour engager mon oncle à conclure : il eſt le maître abſolu dans ma famille, ſes volontés ſont des loix: ainſi bien-tôt toutes les démarches convenables ont été faites, les deux maiſons voient cette alliance avec une joye infinie : enfin nous devons être unis dans quelques jours & nous n'attendons plus que l'arrangement de quelques petits interêts de famille, & le retour d'Honorine qui eſt allé à la campagne avec fon oncle voir quelques parens qui y font leur féjour, pour arriver au comble de nos défirs, & toucher au moment le plus fortuné de notre vie.

Voilà, cher Marquis, ce que vous m'avez tant demandé, ce que je vous ai tant promis, & ce que j'ai eu tant de peine à vous tenir, & cela parce que je n'imaginois pas pouvoir en venir à bout, cela eft croqué, point châtié, pafté au gros fas, enfin de page en page, fans fçavoir comment, j'ai vû le bout, & pourvû que je vous ai amufé & fatisfait, je m'en félicite beaucoup, il n'y manque qu'une chofe, qui eft le plaifir de revoir fain & fauf, & d'embraffer le meilleur & le plus tendre de tous mes amis.

F I N.